タリバン
復権の真実

考

akata

2021年8月31日、タリバンがカブール国際空港を管理下に。中央は報道官のザビーフッラー・ムジャーヒド(中央)

ベスト新書

611

【写真１】第一次（1996-2001年）タリバン政権パキスタン大使のザイーフ師

【写真２】ザイーフ師のカタルの自宅に招かれアフガン料理を御馳走に

【写真３】カブールでタリバンが運営するモデル校「アフガン学院」（中学・高校）の前で。女子校と男子校があり、第一次タリバン政権外相ムタワッキル師が学長を務める

【写真４】「アフガン学院」の正門前でムタワッキル師と筆者

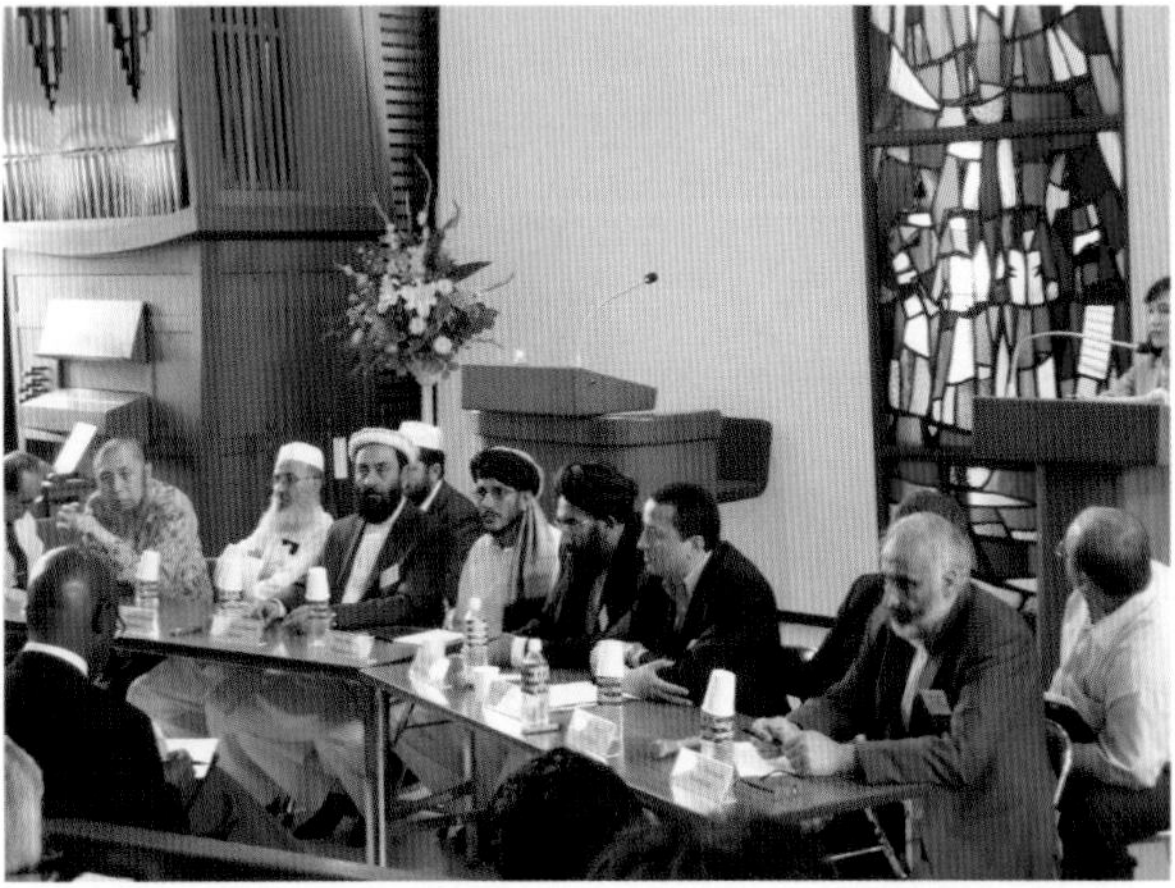

【写真５】2012年6月27日、同志社大学神学館で開催された公開講演会「アフガニスタンにおける和解と平和構築」。左端：筆者、左から2番目：カーリー・ディーンムハンマド師（タリバン代表）、右端：ムハンマド・スタネクザイ（カルザイ政権代表）

【写真７】

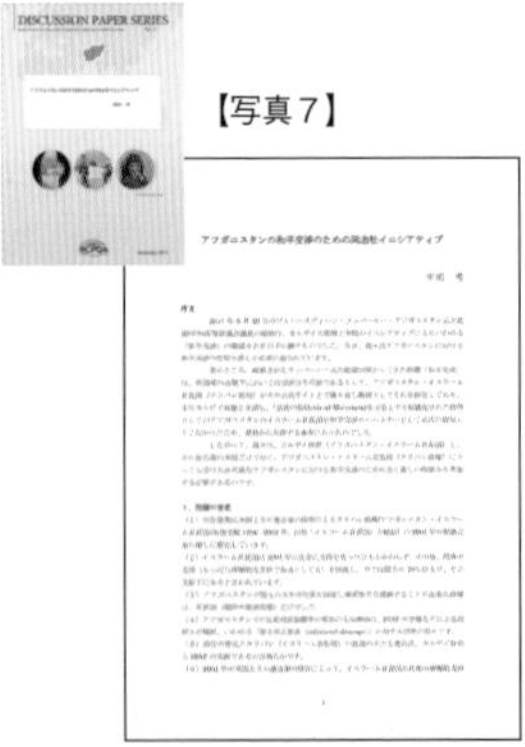

和平イニシアティブ（日本語版）の全文を【付録】として227-289頁に掲載

【写真６】

同志社大学アフガン和平会議で提出された和平イニシアティブ（英語版）

【写真８】2019年2月5日にモスクワで開催された、タリバンとアフガニスタンの野党代表との会談。タリバン代表で出席したカーリー・ディーンム·ハンマド師（右端）

【写真９】同志社大学アフガン和平会議での筆者とカーリー・ディーンムハンマド師（右）

【写真10】ムスリム世界では、なにをおいてもまずお茶を出して客人をもてなすのが作法。甘い紅茶が主流だが、中国に隣接したアフガニスタンでは砂糖なしの緑茶も好まれる。ムタワッキル師(写真中央) と第一次タリバン政権職員のジャーナリスト・ムトゥマイン氏(写真右端) を金閣寺の茶室でもてなす。左端は筆者

【写真11】第一次タリバン政権外相ムタワッキル師と金閣寺の前で

【写真12】原爆ドーム前のザイーフ師。来日の決まったタリバン一行に日本で行きたいところはないかと筆者が尋ねると全員一致で広島平和記念資料館を希望。タリバン一行は米軍の空爆を体験した広島の展示を熱心に見学し、その非人道性に憤慨し戦争の悲惨さを再認識していた

【写真13】原爆ドームの前でタリバン一行との集合写真。タリバンは皆おしゃれ。その日普段着だったカーリー・ディーンムハンマド師は撮影を拒否。右端はカーリー・ディーンムハンマド師の通訳サーリフ師

【写真14】京町屋の料亭で鍋を囲むカーリー・ディーンムハンマド師（タリバン代表：奥左端）、ムハンマド・スタネクザイ氏（カルザイ政権代表：奥右端）、ザイーフ師（第一次タリバン政権パキスタン大使）。本文80頁、内藤正典「アフガニスタンの和解と平和構築」『同志社時評（第134号）』73頁（https://www.doshisha.ac.jp/attach/page/OFFICIAL-PAGE-JA-1773/18976/file/134_072.pdf）参照。（＊なお本書のURLは全て2021年9月20日までのものである）。※口絵【写真5・9・14】は内藤正典氏撮影

タリバン　復権の真実

中田　考
Kou Nakata

ベスト新書
611

【地図1】アフガニスタン周辺地図（南西アジア）

【地図2】アフガニスタン34の州

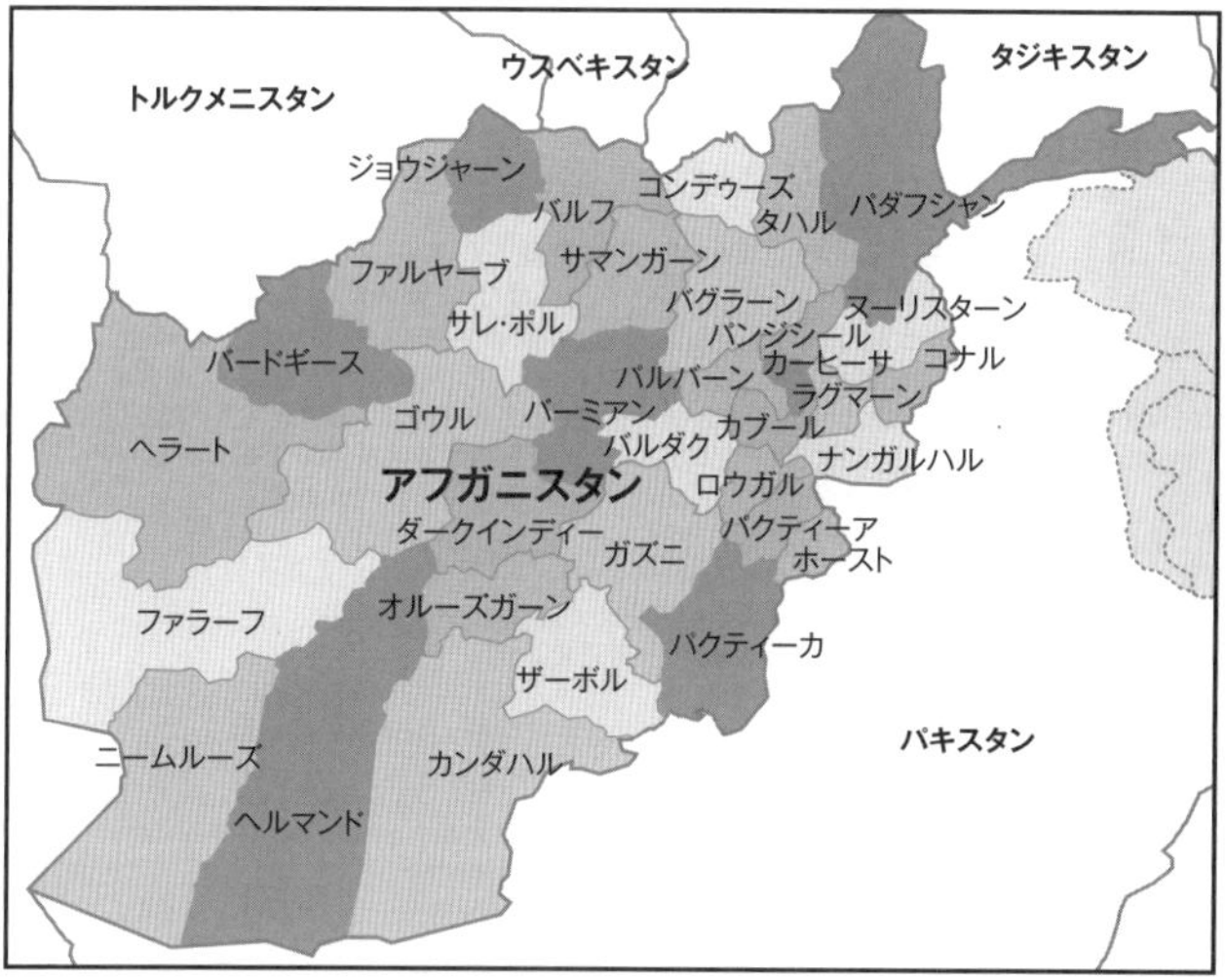
ウズベキスタン
タジキスタン
トルクメニスタン
ジョウジャーン
コンデゥーズ
バルフ
タハル
バダフシャン
ファルヤーブ
サマンガーン
バグラーン
ヌーリスターン
サレ·ポル
パンジシール
バードギース
カーピーサ
コナル
バルバーン
ラグマーン
ゴウル
バーミアン
カブール
ヘラート
バルダク
ナンガルハル
アフガニスタン
ロウガル
パクティーア
ダークインディー
ガズニ
ホースト
オルーズガーン
ファラーフ
パクティーカ
ザーボル
パキスタン
ニームルーズ
カンダハル
ヘルマンド

アフガニスタン 戦乱の近現代史（年表）

年	主な出来事・戦争・紛争
1747	• アフマド・シャー・ドゥッラーニーによるドゥッラーニー朝が成立
1826	• バーラクザイ朝が成立
1834	• 国名はアフガニスタン首長国に
1838-42	• 第一次アフガン戦争でイギリスに勝利
1878-80	• 第二次アフガン戦争でアフガニスタン首長国はイギリスに敗北
1919	• 第三次アフガン戦争に勝利したアマーヌッラー・ハーンはイギリスから独立し、君主として即位
1926	• 国名はアフガニスタン王国に《宗教改革に反対する保守派が蜂起》
1929	• バーラクザイ王家の分家筋にあたるナーディル・シャーが国王に就任
1933	• 国王暗殺、息子のザーヒル・シャーが即位 《ザーヒル・シャー国王の統治下で、中立国として1945年9月に終戦》
1973	• バーラクザイ王族のムハンマド・ダーウードがクーデター。王政を廃止、共和制を宣言して大統領に就任。アフガニスタン共和国を建国《ダーウードによるアフガン社会の近代化と軍事近代化でソ連に接近→イスラム主義者たちを弾圧》
1978	• 4月、アフガニスタン人民民主党主導による軍事クーデター「四月革命」が発生 • ダーウード大統領とその一族処刑 • 人民民主党による社会主義政権が樹立。国名をアフガニスタン民主共和国に変更 • ヌール・ムハンマド・タラキーが初代革命評議会議長兼大統領兼首相に就任 《世俗化を推進→全土でイスラム主義のムジャーヒディーンが蜂起》 • アフガニスタン紛争勃発（〜1989）
1979	• 9月17日、副首相のハフィーズッラー・アミーン一派がヌール・ムハンマド・タラキー大統領を殺害。アミーンが革命評議会議長兼大統領兼首相に就任 • 12月24日、ソ連はアフガニスタンへ軍事侵攻 • 12月27日、ソ連はムジャーヒディーンを抑えられないアミーンをKGBに指令し暗殺 • バブラク・カールマル副議長を革命評議会議長兼大統領兼首相に擁立
1987	• ムハンマド・ナジーブッラーが大統領に就任。国名が再びアフガニスタン共和国に
1989	• ソ連軍撤退完了 • 国内の支配をめぐってアフガニスタン紛争が勃発（〜2001）
1992	• ナジーブッラー政権崩壊。ムジャーヒディーンのジャマーアテ・イスラーミー（イスラム協会、ラッバーニー派）主導によるアフガニスタン・イスラム国が成立
1993	• イスラム協会のブルハーヌッディーン・ラッバーニー指導評議会議長が大統領に就任
1994	《内戦が全土に。タリバンがパキスタンの北西辺境州から勢力を拡大》
1996	• タリバンがカブールを占領。アフガニスタン・イスラム首長国の成立を宣言《アフガニスタン・イスラム国政府とムジャーヒディーンの一部が反タリバンで一致し、北部同盟に》 • ビン・ラーディンの率いるアル・カーイダがアフガニスタン国内に入り、タリバンと接近
1997	• 第一次マザーリシャリーフの戦いでタリバンが敗北
1998	• ケニアとタンザニアのアメリカ大使館爆破事件にともなうアメリカによるアルカーイダ引き渡し要求をタリバンが拒否《アメリカとの関係が緊張化》
1999	• タリバン支配地域に対する経済制裁を定めた国際連合安全保障理事会決議1267採択
2000	• タリバン支配地域に対する追加経済制裁を定めた国際連合安全保障理事会決議1333採択
2001	• 3月2日、タリバンがバーミヤンの石仏を爆破 • 9月1日、アメリカ同時多発攻撃事件 • 10月2日、NATOがアルカーイダを匿うタリバン政権に対して自衛権の発動を宣言

2001	• 10月7日、アメリカ軍が「不朽の自由」作戦の名の下で空爆を開始、イギリスも参加。北部同盟も地上における攻撃を開始 • 11月13日、北部同盟は、無血入城でカブールを奪還。年末にタリバン政権崩壊 • 11月27日、空爆が続くなか、国連は新政権樹立に向けた会議をドイツのボン郊外で開催 • 11月29日、行政府に相当する暫定行政機構の設立案について合意 • 12月5日、国連の調整で、パシュトゥーン人のハーミド・カルザイを議長に据え、暫定政権協定の調印が実現（ボン合意）。国際連合安全保障理事会決議1386にもとづき国際治安支援部隊（ISAF）が創設。国際連合安全保障理事会決議1401により、国連アフガニスタン支援ミッション（UNAMA）がスタート。アフガニスタン暫定行政機構が成立し、カルザイが議長に • 12月22日、カブールで暫定政権発足の記念式典が挙行。ラッバーニー大統領からカルザイ暫定行政機構議長に政権委譲。カルザイが暫定政権の首相に
2002	• 1月21日、東京でアフガニスタン復興支援会議開催 • 6月10–19日、緊急ロヤ・ジルガ（国民大会議）開催。ハーミド・カルザイが圧倒的多数の票を獲得し当選
2004	• 1月、新憲法発布 • 10月9日、第一回の大統領選挙 • 12月7日、ハミード・カルザイが大統領に就任
2009	• 8月、第二回大統領選挙が実施。カルザイが過半数の票を得るが、国連の調査で不正が発覚。2位のアブドゥッラー前外相が決選投票をボイコット • 11月、決選投票でカルザイの再選が決定
2011	• 5月2日、アメリカ軍がパキスタンでビン・ラーディンを殺害
2012	• 7月、日本国政府は「アフガニスタンに関する東京会合」を開催。アフガニスタン政府が統治を改善し開発戦略を自発的に実施する代わりに、国際社会がアフガニスタンに対して2015年まで160億ドルを超える支援を行うことを約束 《アフガニスタンの腐敗認識指数は167か国中の最下位》
2014	• 4月、第三回大統領選挙 • 9月29日、アシュラフ・ガニがアフガニスタン第二代大統領に就任。大統領選挙の決選投票で敗れたアブドゥッラー・アブドゥッラー元外相も首相格の行政長官に就任。ガニ大統領と政治権力を分け合う国家統一政府（NUG）が発足 • 12月、国際治安支援部隊（ISAF）終了。多国籍軍はアフガニスタン安全保障協定（BSA）やNATO・アフガニスタン地位協定（SOFA）によりアフガニスタンに残留し支援任務に移行。治安はアフガニスタン治安部隊（ANSF）が独力で維持することに
2015	• 1月、イスラム国が「ホーラサーン州」（ISIL-K）の設置を宣言。アフガニスタンで活動開始
2019	• ナンガルハル州ジャララバードで同地を拠点に灌漑事業を展開していたペシャワール会代表の中村哲医師が襲撃され死亡
2020	• 2月28日、アメリカ合衆国のドナルド・トランプ大統領は、タリバンと駐留米軍を撤退させることで合意 • 5月17日、昨年の大統領選挙で次点だったアブドゥッラー・アブドゥッラーとアシュラフ・ガニ大統領で政治権力を分け合うことで合意文書に署名
2021	• 4月、米国のジョー・バイデン大統領は、2021年9月11日までに駐留米軍を完全撤退させると発表 • 7月、タリバンの代表団が訪中し、中国外相の王毅と会談 《米国がアフガニスタンからの撤退を進める中、タリバンは主要都市を次々に制圧》 • 8月15日、タリバンはアフガニスタン大統領府を掌握 《約20年間続いたアフガニスタンの民主政権は事実上崩壊》 • 8月17日、第一副大統領のアムルッラー・サーレハが憲法上の規定によって暫定大統領に就任したと宣言 • 8月31日、アメリカ軍はアフガニスタンから完全撤退 • 9月7日、タリバンは暫定政権の主要閣僚を発表

目次
Contents

2021年８月15日、タリバンが大統領府を掌握した瞬間

［序］タリバンの復活とアメリカの世紀の終焉

２０２１年、アフガニスタン・イスラーム共和国のアシュラフ・ガニ大統領が海外に逃亡し、首都カブールの大統領府にタリバン（※１）の旗が翻り、アメリカの「最も長い戦争」が終わった。

奇しくも76年前に日本が降伏しアメリカが世界の覇権国となった同じ「8月15日」であった。「２０２１年8月15日」は、20年の時を経て甦ったタリバン、正式名称「アフガニス

※１　「タリバン」とはアラビア語の「ターリブ（神学生）」に由来するパシュトゥ語、ダリー語で「神学生（複数形）」を意味する「ターリバーン」の日本で最もよく用いられている表記であり、「イスラーム首長国（Emārat-i Islāmiy-i Afghanistān）」として１９９６年から２００１年までアフガニスタンの大部分を実効支配した政治組織の通称である。筆者は政治組織の正式名称としては「イスラーム首長国」を用いるべきと考えるが、一般書である本書では必要がない限り「タリバン」と呼ぶ。

タン・イスラーム首長国」の新生と共に、アメリカの世紀の終焉を告げる象徴的な日となった。

「歴史は繰り返す。一度目は悲劇として、二度目は喜劇として」とはカール・マルクスの言葉である。1996年9月26日のカブール攻略、翌27日のソ連の傀儡政権の首班ムハンマド・ナジーブッラー大統領の血生臭い処刑によって幕を上げた第一次（1996―2001年）タリバン政権の成立が「悲劇」であったとすれば、カブールににこやかに無血入城するタリバンと、持ちきれないほどの金塊を抱えて真っ先に逃亡するアメリカの傀儡政権の首班ガニ大統領、逃げまどってカブール空港に押し寄せ米軍輸送機に縋《すが》りつくアフガン人の群衆、それを振り払って飛び去る米軍機のコントラストは、第二次タリバン政権の成立の幕開けを告げる「ドタバタ喜劇」とでも言うべきものであった。

本書ではまず、アフガニスタンでのフィールドワークによって培った知見とタリバン幹部との個人的な議論を踏まえて、タリバンの誕生から今日に至るまでの思想と行動を彼らの視点に寄り添う形で分かりやすく整理し、ついでタリバンの復活が持つ地政学的、文明論的意味を解き明かし、アメリカの覇権が終わった世界と日本がタリバンといかに関わっていくべきか、について私見を述べる。

現在進行形の出来事について書くのは難しい。本書の目的はタリバン復権の地政学的、文明論的な展望を示すことにあり、短期的な政局の転変を詳述することではない。しかしアフガニスタンは永年の戦乱により渡航中止勧告、退避勧告が常態であり、日本人には馴染みがない国である。そこで9月末の念校の入稿の時点までの重要な展開についてはできる限りその意味も含めて言及するように努めた。本書が、タリバン復権後のアフガニスタンについて考えるための基本文献となれば、筆者の望外の喜びである。

第Ⅰ部

タリバン政権の復活

[第1章] タリバンについて語る

筆者はアフガニスタンに2010年から2012年にかけて数度にわたり渡航し、カブール大学学長と面談し、当時奉職していた同志社大学とカブール大学の間にMOU（学術交流協定）を締結した。またアルガンディワル経済大臣（当時）など政府要人と意見交換を行うと同時に、市井でフィールドワークを行い、アフガニスタン政府だけでなく国連などの国際機関の腐敗の現状をつぶさに観察した。さらにカブールで1996―2001年の第一次タリバン政権で外務大臣を務めたムタワッキル師（※2）、パキスタン大使を務めたザイーフ師（2頁、口絵【写真1】参照）と面談し、タリバンが運営する学校、女子校を見学した（3頁、口絵【写真3・4】参照）。そして彼らの紹介により、カタールのドーハにあるタリバン代表部（政治委員会事務所）を訪問して同志社大学での国際会議への参加を要請

※2　本稿では、登場人物がマドラサ卒業生（ムッラー）であるかどうかは重要なので、ムッラーである場合には名前に「師」をつける。

2012年カブール大学学長とMOU締結

2012年アルガンディワル経済大臣（当時）と意見交換を行う筆者

した結果、2012年6月27日、イスラーム首長国の公式代表が世界で初めてメディアの前に姿を見せることになった（4頁、口絵【写真5】参照）。

「タリバン」とは、もともと「神学生」を意味する。日本は言うに及ばず西欧でも、タリバンの幹部と個人的に親交があり、その実態を知っている者はほとんどいない。ましてや同じイスラーム学徒としてイスラームの教義についてアラビア語で彼らと議論ができる研究者はほぼ皆無である。

筆者は、2012年の国際会議に向けて、アフガン和平のロードマップ案を用意し、その中で以下のように述べた。

「アフガニスタンの和解交渉のためのロードマップ」（※3）

3．解決策――中略――

(3) 和平は、（時間的に先行する）長く苦しい内戦に終止符を打ち、平和と治安を実現したかつてのアフガニスタンの正当な「国民的」政権「アフガニスタン・イスラーム首長国（以後、「イスラーム首長国」と略す）」に、外国軍の力で支配の正当性を獲得した事実上の正当な政権「アフガニスタン・イスラーム共和国（以後、「イスラーム共和国」と略す）」が統合される形を採ることが望ましく、逆（「イスラーム共和国」に「イスラーム首長国」が統合される）ではありません。

（4）ＵＮＡＭＡ（国連アフガニスタン支援ミッション）の役割は、上記の課題を解決し、イスラーム首長国にイスラーム共和国が統合されるまでの過程での平和的な権力の移行を保証するために、首長国を財政的、技術的に支援することです。

――後略――

筆者の提案には、カルザイ政権だけでなく、欧米や日本の政策決定者、国際政治学者、紛争解決、平和構築などの専門家たちの誰も耳を貸さなかった。しかし足掛け10年を経てアシュラフ・ガニ大統領が海外逃亡し、イスラーム共和国が消滅、カブールに残ったカルザイ元大統領、アブドゥッラー行政長官らの残党がタリバンに投降することになった。つ

※3　このロードマップは筆者の２０１１年10月25日付個人ブログ（https://hassankonakata.blogspot.com/2011/10/blog-post.html）に掲載し、２０１２年６月27日に同志社大学で開催された公開会議「アフガニスタンにおける和解と平和構築」の場で「アフガニスタンの和平交渉のための同志社イニシアティブ」の名でアフガン政府代表とタリバンの代表に提出したものである。【付録】２７７頁参照。また４頁、口絵【写真６・７】参照。（＊なお本書のＵＲＬは全て２０２１年９月20日までのものである）

アフガンを出国したガニ大統領がビデオ声明

カルザイ（左）とアブドゥッラー（右）

まり2001年のアメリカ軍の侵攻によって始まったアフガニスタン紛争は、結果的には筆者の提案通りにイスラーム首長国にイスラーム共和国が統合される形で、一応の終止符が打たれることになったのである。

カブールの陥落後、「後出しじゃんけん」のようにアシュラフ・ガニ政権の崩壊とタリバンの復活をもっともらしく「分析」してみせる「解説」が雨後の筍のようにメディアに現れている。しかしそれらはどれもこれまで状況判断と予測に失敗してきた者たちによって旧態依然たる同じ分析枠組で書かれた「同工異曲」の記事ばかりで、タリバンの理解に資するどころか、むしろ誤解と偏見を強化するだけであり、今後のタリバンとの対応においてまた同じ過ちを繰り返すことが懸念される。

そこで本書では、第Ⅰ部において、2020年3月29日に米トランプ前政権がタリバンと結んだ和平合意から、２０２１年8月15日のタリバンの首都カブール凱旋までを駆け足で振り返り、２００１年のアメリカのアフガニスタン侵攻からそこまでに至る過程を新しい視点から分析し、その地政学的、文明論的意味を明らかにした。第Ⅱ部においては、タリバンの公式ウェブサイトに掲載された政治制度と政治思想についての解説を訳出した。

［第2章］アフガニスタンという国

アフガニスタンは古い歴史を有するが、近代国家としてのアフガニスタンはアフガニスタン首長国（1834―1926年）の継承国家でありアマーヌッラー・ハーンが建てたアフガニスタン王国（1926―73年）から始まる。東西冷戦下での1973年のクーデター（※4）による王政廃止、1978年のアフガニスタン人民民主党主導による社会主義政権を樹立した軍事クーデターによる共産化、1979年のソ連軍の侵攻とそれに続くムジャーヒディーン（イスラーム戦士）の蜂起以来、アフガニスタンでは内戦が続いており、外国人の渡航は規制されているため、読者の中でもアフガニスタンを実際に訪れ、各地の豊かな自然の風景と人々が生きる社会の姿を自分の目で見た者はほとんどいないと思われる。それゆえタリバンについての説明に入る前に、本章ではアフガニスタンという国について略述する（※5）。

アフガニスタンはパキスタン、イラン、トルクメニスタン、ウズベキスタン、タジキス

アマーヌッラー・ハーン

タン、中国に囲まれ、面積約65万平方キロメートルの、北部と南西部に平野部があるだけの内陸の山岳国である（10頁、【地図1】参照）。人口は約4000万人であるが多民族国家で、最大のエスニック集団は40％強のパシュトゥーン人であり、続いて30％弱のタジク人、10％弱のハザラ人、ウズベク人などからなる。

現在では「アフガニスタン」国民という意識も生まれてはいるが、国民意識は弱く、エスニック集団ごとに言語も生活習慣も違い、エスニック集団の中でも部族の族長が権威を持つ部族社会でもある。パシュトゥーン人を中心とする主要な部族の族長と宗教指導者の大集会「ロヤ・ジルガ」（※6）がアフガニスタンの慣習

※4　ムハンマド・ダーウードがクーデターを起こし王政を廃止、共和制を宣言して大統領に就任したクーデター。ソ連に接近しイスラーム主義者たちを弾圧した。

※5　タリバン出現の背景となるアフガニスタン近現代史の要点を知るには、高橋和夫「政権奪還したタリバンを知るためのアフガン近代略史（前・後編）」『高橋和夫の現代政治ブログ』2021年8月27－28日、(https://wanibooks-newscrunch.com/articles/-/2322　https://wanibooks-newscrunch.com/articles/-/2327）が便利である。

※6　新国王を選出し、憲法を採択し、その他の重要な政治問題を解決するために召集された。国の政体が近代憲法によって規定されるようになった後も、国家運営上の最高機関として重視され続けてきた古い伝統を持つ。

ウサーマ・ビン・ラーディン

法的に最高意思決定機関とみなされている。
「アフガン」とはもともとパシュトゥーン人のことであり、「アフガニスタン」とは「アフガン（パシュトゥーン人）の国」（※7）を意味する。アフガニスタンとは元来はパシュトゥーン人の国であり、アフガニスタンを理解するにはまずパシュトゥーン人を理解しなければならない。
パシュトゥーン人には「パシュトゥンワーリー」と呼ばれる慣習法が存在する。「助けを求める者は、命懸けで守る」こともこのパシュトゥンワーリーであり、タリバンがアメリカへのビン・ラーディンの引き渡しを最後まで拒んだのもこのパシュトゥンワーリーに従ってのことである。
注意しなければならないのは、アフガニスタンはパシュトゥーン人の国であるが、パシュトゥーン人はアフガニスタンだけに集住しているわけではなく、パキスタンにもほぼ同じ規模の千数百万人のパシュトゥーン人が存在することである。特にアフガニスタンと国境を接する北部辺境地区はソ連軍に対するジハード以来、アフガン人のゲリラ活動の後背地として重要である。「タリバン」はパシュトゥーン人の運動として始まったのであるが、

ブルハーヌッディーン・ラッバーニー

タリバンがパシュトゥーン人の運動を超えて他のエスニック集団の部族長たちの調略に成功したことが、今回のタリバンの復活の根本要因である。

第二のエスニック集団であるタジク人はペルシャ語話者であり、隣国タジキスタンの主要民族である。言語的にはイラン人とも問題なく意思疎通が可能であるが、スンナ派に属し、シーア派のイラン人とは宗派的に異なる。ムジャーヒディーン政府の大統領だったラッバーニーはタジク人であり、ムジャーヒディーン政府の内紛は、タジク人のラッバーニー大統領とパシュトゥーン人のヒクマチヤール首相との確執のせいであったとも言われている。さらに、アシュラフ・ガニ政権の崩壊の一因もパシュトゥーン人のガニとタジク人の行政長官（首相）アブドゥッラー・アブドゥッラーの対立であった（28頁、写真参照）。

ハザラ人はペルシャ語話者であるが、タジク人とは異なりシーア派であり、ソ連に対す

※7　本稿では、国名はアフガニスタンと表記し、国民の名称としては「アフガン国民」、「アフガン人」と記す。

アブドゥル=ラシード・ドストム

るジハードでもスンナ派とは別の派閥を形成しており、概してスンナ派ムジャーヒディーンがパキスタンとの繋がりが強かったのに対して、イランとの関係が深い。なお、アフガニスタンのペルシャ語はダリー語と呼ばれ、パシュトゥ語と並ぶ公用語である。

ウズベク人はウズベキスタンの主要民族であり、チュルク語（※8）系のウズベク語を話す。タリバンの首都進攻に際していち早くウズベキスタンに逃亡したアシュラフ・ガニ政権の副大統領、参謀総長ドストム将軍（元帥）もウズベク人である。

アフガニスタンの経済はGDP（国内総生産）が200億ドル弱、一人当たりGNI（国民総所得）は600ドル弱であり、世界銀行の定める国際貧困ライン（1日1・90ドル）を下回る世界の最貧国の一つである。長年にわたる戦争で国土が荒廃し産業が育っておらず、農産物と地下資源以外にほとんど輸出品もない。古来ラピス・ラズリーが有名で、近年では1兆ドルを超える地下資源があるとの試算が発表されているが、政情不安のため、現時点では石油、銅、鉄などがわずかに採掘されているだけである。

以上でアフガニスタンという国の概説は終え、次に2020年3月のアメリカとタリバンの和平合意についての説明に移ろう。

※8　トルコ系諸言語の総称。トルコ語、アゼルバイジャン語、タタール語、トルクメン語、ウズベク語、カザフ語、キルギス語、ウイグル語、ヤクート語などがある。バルカン半島から東シベリアまで、広大な地域に分布する。

［第3章］アメリカ・タリバン和平合意

2020年2月29日カタールの首都ドーハで、米国アフガニスタン和平担当特別代表ザルメイ・ハリルザドとタリバンの政治（外務）委員会議長（当時）バラーダル師の間で、14か月以内にアフガニスタンから米軍が完全撤退するとの和平合意が調印された。和平交渉の内容よりも重要なのは、アメリカがタリバンの一貫した主張を認め、イスラーム共和国を排除して、イスラーム首長国（タリバン）を和平の当事者として認めたという事実そのものである。

『ウォール・ストリート・ジャーナル』の8月17日付記事「米のアフガン失敗、超党派の漂浪——長引いた苦難の米軍駐留、悲劇的な結末に何を学ぶか」でジェラルド・F・サイブは米軍撤退について以下のように述べている。

米政府はアフガニスタンに乗り込んだ初期、イスラム武装組織タリバンを軍事的に制圧できると過信し、アフガニスタン政府とタリバン指導者との折衝を禁じていた。それが昨年には、米政府高官自らがタリバンと直接駆け引きするようになり、協議から排除されたのはアフガン政府という状況になっていた。この奇妙な外交劇は、アフガニスタンにおける米国の誤算続きの長旅を何より象徴している。（※9）

最終的に8月15日にアシュラフ・ガニ大統領が国民に辞任の挨拶すらせず、4台の車に現金を積み込んで空港に向かい、ヘリに積み替えきれなかった現金を滑走路に残したまま逃亡し（※10）、イスラーム共和国は消滅した。首都カブールの陥落は全34州（11頁、【地図2】参照）のうちの初めての州都陥落からわずか9日後のことであり（※11）、アメリカ政府は8月12日の時点でもなお、タリバンがカブールに達するには30日かかると予測していた（※12）。

※9　ジェラルド・F・サイブ「米のアフガン失敗、超党派の漂浪——長引いた苦難の米軍駐留、悲劇的な結末に何を学ぶか」*The Wall Street Journal*　2021年8月17日（https://jp.wsj.com/articles/americas-failures-in-afghanistan-were-bipartisan-and-long-running-11629156064）。

※10　『毎日新聞』2021年8月16日（https://mainichi.jp/articles/20210816/k00/00m/030/331000c）。なお、ガニ自身は証拠を示さず金塊の持ち出しの事実は否定している。

※11　ニムルズ州都ザランジ。『毎日新聞』2021年8月7日（https://mainichi.jp/articles/20210807/k00/00m/030/407000c）。

2020年２月29日、カタールのドーハで和平合意に調印した米国のハリルザド・アフガニスタン和平担当特別代表（左）とタリバンのバラーダル師（右）

このことはタリバンが一貫して主張してきた通り、イスラーム共和国がアメリカの傀儡に過ぎず、アメリカ軍がいなければ雲散霧消するアメリカの傀儡に過ぎず、そもそも和平交渉の当事者となる政権担当能力がなく、相手にする価値がない存在であることを疑いの余地なく実証すると同時に、そうした明々白々たる事実さえ認識できないほどにアメリカの政策決定者も諜報機関も情報収集と分析の能力がなかったことを示している。

８月15日にアメリカの輸送機に乗ろうとする民衆が空港になだれ込み、死傷者が出るに至るまでの撤退における混乱の醜態を収めた映像が世界中に配信された。アメリカは物笑いの種となり、さらなる威信の低下を招いたことからも、アメリカがガニ政権の弱体化の程度を読み誤っていたのは事実と思われる。しかしアフガニスタン政府に政権担当能力がなかったという事実自体をアメリカが知らなかったとは思われない。というのはアフガニスタンはTransparency International が発表している2020年度の腐敗認識指数でも調査対象国179か国のうち165位であり、世界でも指折りの腐敗した政権であることは、アフガニスタン・ウオッチャーなどの事情通だけしか知らないわけではなく、統計の数字が世界的に公表されている誰もが知る事実だったからである。

そしてそれは2012年に同志社大学で開催された、当時のカルザイ政権とタリバンが参加した国際会議の席上でも、カルザイ政権の代表であったスタネクザイ大統領顧問も認めていた。彼はカルザイ政権の汚職を認めた上で、アフガニスタン復興支援に充てられる資金のうち、アフガン政府の予算として充てられるのはわずか20%に過ぎず、残りの80%がアフガニスタンで活動する国連・NGO及びその下請機関によって使われていることの問題点を指摘していた(※13)。

2013年4月の時点でも『ニューヨークタイムズ』が、2001年の侵攻以来CIA

※12　Joe Lauria, "Rapid Taliban Takeover Shows How Little US Understood Afghanistan", *Consortium News*, 2021/8/15 (https://consortiumnews.com/2021/08/15/rapid-taliban-takeover-shows-how-little-us-understood-afghanistan/).

マスーム・スタネクザイ

がアフガンのカルザイ大統領宛にこれまで伝えられたより遥かに大量の現金を毎月支給しており、しかもそれが米政府戦略と相反する使われ方をされており、「アフガン政府腐敗の最大の源泉はアメリカだ」と米政府関係者が吐露していると報じている（※14）。また筆者自身、アフガニスタン国内で行ったフィールドワークで国連機関の汚職を自分の目で確認することができたし、アフガン政府関係者からも、我々は復興支援金のアメリカによる横領のおこぼれをもらっているだけだ、と聞かされていた。

前述の「アフガニスタンの和解交渉のためのロードマップ」の問題提起で、「アフガニスタンの援助の名の下に費やされている数十億ドルが実際には欧米企業やNGO要員、アフガニスタンの軍閥、政治家、そして彼らの縁故のビジネスマンのために消費されており、一般民衆がほとんどその恩恵を受けていないことは、アフガニスタン国内だけでなく、海外でも広く認識されています」と書いたのはこうした事実に基づいてのものであった。

しかしアメリカの政策決定者たちはカルザイ政権が腐敗した傀儡であり政権担当能力が

ないことを知った上で、「上前を撥ねて」自分たちの利権を確保するために、アフガニスタンの政府高官たちの汚職に加担しており、アメリカの政策決定者たちの利益に奉仕する大学、シンクタンクなどもそれを見てみぬふりをしてきた。アメリカの軍産学複合体とアフガニスタン政府は、まず（1）アメリカの研究機関がタリバンを悪役に仕立て上げ、危機を煽って研究費を獲得し、次に（2）彼らの報告や記事を利用し、軍事産業のロビーストの献金を受けた政治家たちが、「テロとの戦い」を口実にアフガニスタン復興支援の名目で軍事支援の予算を通す。それを承けて（3）アフガニスタン政府に裏金を渡すことでアメリカの政府要人と繋がった軍事産業、ブラックウォーターのような民間軍事会社に契約を受注させて不要な兵器を売りつけたり軍事訓練を施すとの名目でアメリカの軍産学複合体に莫大な利益を生ませ、最後に（4）アフガニスタン政府がその「おこぼれ」に与る、というからくりが存在したのである。

※13　見原礼子「同志社大学公開講演会　アフガニスタンにおける和解と平和構築　要旨」２０１２年6月27日（http://www.cismor.jp/jp/lectures/アフガニスタンにおける和解と平和構築/）。

※14　"With Bags of Cash, C.I.A. Seeks Influence in Afghanistan", *New York Times*, 2013/4/28（https://www.nytimes.com/2013/04/29/world/asia/cia-delivers-cash-to-afghan-leaders-office.html）.

2021年８月31日、米軍のアフガン撤退完了について会見するバイデン大統領

つまりアメリカとアフガニスタンの国民を搾取する米軍産複合体（※15）と、腐敗したアフガニスタン政府は「共犯関係」にあったのである。アフガニスタンが破綻国家であり軍が弱くあり続ける限り、米軍産学複合体とアフガニスタン政府要人はいつまでも利権を維持することができ、そのためにはアフガニスタン政府の汚職と腐敗をアメリカが黙認し見て見ぬふりをする必要があり、そのための口実としてタリバンは悪役に仕立てられなければならなかったのである。

バイデン大統領はカブール陥落後の16日、ワシントンで緊急記者会見を行い、米国が過去20年間で1兆ドル（約１１０兆円）以上の資金をアフガンに投じ、兵士30万人に装備を調え訓練を施したにもかかわらず、大統領が逃亡しアフガ

ン軍は戦わずに崩壊した、とガニ大統領を強く非難した。アメリカが軍事のために費やした1兆ドルの多くはアメリカの軍産複合体に還流され、その一部がアフガニスタンの汚職政治家たちの手に渡り、皮肉なこと米軍基地から回収し損ねたり、国軍に買い与えた近代兵器が仮想敵であるタリバンの手に渡った。

アメリカの軍産複合体の武器輸出の利権化は珍しくない。現在進行形ではイランの脅威を煽ってのサウジアラビアへの「型落ち」の高額兵器の売却がよく知られた例である（※16）。しかし最終的に汚職による腐敗で相手国が崩壊し、武器が敵の手に渡ったという点では、腐敗した残虐な絶対王政のパフレヴィー朝（※17）イランを支援し中東一の軍事国家にしておきながら、民衆の怨嗟を買ってイスラーム革命が起こったことで、結果的にイランを反米に追いやってしまった例に似ている。しかしサウジアラビアやイランが豊かな産油国であり、アメリカの軍産複合体と相手国の汚職政治家による搾取の対象がサウジアラビアと

※15　軍需産業を中心とした私企業と軍隊、および政府機関が形成する政治的・経済的・軍事的な勢力の連合体を指す概念。
※16　例えば２０１７年５月、トランプ前米国大統領はサウジアラビアと総額１１００億ドル（約12兆円）の軍事品売却で合意している。池滝和秀「『雑な暗殺』疑惑に騒然、サウジ皇太子の末路」２０１８年10月20日（https://toyokeizai.net/articles/-/244395?page=3）参照。
※17　１９２５年末から１９７９年初めまで存在したイラン最後の王朝。

イランだったのに対して、破綻国家アフガニスタンの場合は、アメリカ自体が支援国である点が根本的に違っている（※18）。

アメリカがアフガニスタンに侵攻した2001年と2021年ではアメリカをめぐる環境は大きく変化している。詳しくは第8章「タリバンの勝利の地政学的意味」で後述するが、2001年当時、アメリカはまだソ連の崩壊による冷戦終結後の世界で唯一の超大国として「新世界秩序」のスローガンの下に世界の覇権を目指していた。しかし2010／1年に中国が日本を抜いて世界第2位の経済大国になると、2012年1月にアメリカのオバマ大統領は新国防戦略「アメリカの世界的リーダーシップの維持と21世紀の国防の優先事項」を発表し、中国とイランを名指し、第二次世界大戦以来の「二正面作戦」を放棄し、アジア太平洋地域を最優先することを宣言し、米中冷戦時代が始まった。もはやアフガニスタンはアメリカの主要な関心事ではなくなったのである。その流れを決定的にしたのがバイデンであり、2021年4月28日の施政方針演説で中国との対決姿勢を鮮明にした。

2012年1月5日、アジア・太平洋の軍事力増強を目的とした新国防戦略を語るオバマ大統領（当時）

今やアメリカと並ぶ経済大国となりその経済力を背景に世界の覇権を目指す中国と戦わなければならないアメリカには、もはやアフガニスタン政府の汚職と腐敗に目を瞑ってアメリカの軍産複合体の利権を維持する余力はない（※19）。それが今回のなりふり構わぬ米軍撤退の主たる理由であり、アフガニスタンでアメリカが行ってきた悪行から目を逸らさせるために、米軍産学複合体とそれに追随する世界のメディアはこれまで見て見ぬふりをしてきたアフガニスタン政府の汚職と腐敗を、今になってことさらに言い立てているのである。2011年2月カンダハルに派遣されたダニー・ショルセン大尉（当時）は当時を

※18　日本もアフガニスタン復興支援国の一つであり、2002年東京で米国・欧州連合（EU）・サウジアラビアと共同で「アフガン復興支援国際会議」を開催し、当時の参加国で最大規模のODA（途上国援助）5億ドル（現レートで約547億円）の支援を約束し、2012年にもアフガン新政府と共催で支援国会合を開き、2001年以降、日本がアフガンに支援した総額は約7000億円、69億ドルに及ぶ。「今後、どう対応するか…」『中央日報』2021年8月17日（https://japanese.joins.com/JArticle/281981?sectcode=A00&servcode=A00）、鶴岡路人「日本外交にとってのアフガニスタンは何だったのか」『国際情報ネットワーク分析IINA』2021年8月27日（https://www.spf.org/iina/articles/tsuruoka_18.html）参照。本書では詳しく検証しないが、民生におけるアフガニスタン復興支援も軍事支援と同じく多くが浪費に終わっている。

※19　たとえば『ワシントンポスト』紙が2019年に機密書類をリークし「アメリカ政府が意図的に国民を欺こうとする努力を明確かつ継続的に行っていた。カブールの軍司令部やホワイトハウスでは、実際には勝っていないのに、米国が戦争に勝っているように統計を歪曲することがよく行われていた」と報じている。Cf., Craig Whitlock, "At War With the Truth", *The Washington Post*, 2019/12/9（https://www.washingtonpost.com/graphics/2019/investigations/afghanistan-papers/afghanistan-war-confidential-documents/）.

振り返り、「すべては茶番だった」と以下のように述べている。

アフガニスタン軍には、脱走者や囚人を拷問したり通訳や少年をレイプしたりする者が驚くほど多くいた。米軍に協力していた地元の長老や警察幹部や住民はアヘンを密売していた。彼らは妻を殴り自宅に閉じ込めるなど女性に対する考え方はタリバンとほとんど変わらなかった。「正しい戦争」との考えは一瞬にして打ち砕かれた。一方、タリバンは「尊敬に値する強敵」だった(※20)。

ちなみに、「タリバンを支える最大の資金源とされるのが、高地に適したケシ栽培とそれを原料とする麻薬の一種アヘンの製造・販売だ」(※21)といった言説がタリバンの復活の「分析」と称してインターネット上に溢れているが、これも2001年のアメリカのアフガニスタン侵攻の正当化のために行われた反タリバン・キャンペーンの再来である(※22)。

我々は、トランプ政権のタリバンとの単独和平合意と、それに基づくバイデン政権の米軍撤退によりイスラーム共和国があっという間に瓦解したことから、イスラーム共和国が和平交渉の当事者能力を欠くアメリカの傀儡政権に過ぎないとの、長年にわたるタリバンの主張の正しさを確認すると共に、イスラーム共和国の腐敗と脆弱性を隠蔽し、タリバンを悪役に仕立て上げ、テロとの戦いを口実に20年にわたって1兆ドル（※23）を浪費してき

※20　金子渡「大義なき戦争　アフガン侵攻から20年㊤」『西日本新聞』２０２１年8月31日（https://news.yahoo.co.jp/articles/a6c70f7c92b593f60ff7736deb53fb7d27db4c97）。

※21　山田剛「アフガン情勢、再び不安定化へ―米軍撤退で力の均衡崩れる」『日本経済協力センター・コラム』２０２１年７月13日（https://www.jcer.or.jp/j-column/column-yamada/20210713-3.html）。

※22　アフガニスタンに侵攻したアメリカがタリバンを麻薬取引の黒幕に仕立て上げるキャンペーンをいかに行ったかについては、本山美彦「アフガニスタン再建の躓きの石――麻薬取引のグローバル化」『立命館経営学』第43巻第5号1―13頁（https://repository.kulib.kyoto-u.ac.jp/dspace/bitstream/2433/66314/1/kronso_176_3_425.pdf）参照。本山は同論文で麻薬の密輸を「いわれなき言い掛かり」と断じている。また２０１２年の時点で元米陸軍大尉がアフガニスタンで勤務中にヘロインの輸入の罪を認めたことを報じている（Cf., "Former U.S. Army Captain Pleads Guilty to Importing Heroin from Afghanistan into the United States", *The United States Attorney's Office Delaware Archive*, 2012/9/13 (https://www.justice.gov/archive/usao/de/news/2012/09-13.html)。こうした事件は氷山の一角であり、イスラーム共和国政府がアメリカの傀儡であった以上、アフガニスタン国内での麻薬取引もその大半はアメリカ軍の協力もしくは黙認の下に行われていたと考えなくてはならない。

　タリバンはカブールに入城した8月15日、こうした誹謗中傷について以下の声明を発表している。「最近、カブール政府は、根拠のない邪悪な宣伝を開始し、一部の国や国際機関に誤った情報を流している。彼らはイスラーム首長国を自分たちの犯した罪で非難している。彼らはつねにイスラーム首長国やその指導者らの名のもとに偽の宣言や声明を出している。かかる嘘は受け入れられない。ときおり彼らは、イスラーム首長国が人びとを強制的に彼らの娘と結婚させたり、彼女たちをムジャーヒディーンと結婚させたりしていると主張している。また、ムジャーヒディーンが人びとや捕虜を殺害していると主張するが、これらはまったく根拠がない」（日本エネルギー経済研究所中東研究センターのtweet。一部改訳）。

たアメリカの軍産学複合体とアフガニスタン政権の癒着、共犯関係を明らかにした。そしてこのアメリカの軍産学複合体の利権の構造こそが、欧米や日本のアフガニスタン研究がタリバンの実態を正しく認識することを妨げてきた真の原因であったのである。

筆者はアメリカの軍産学複合体が「タリバンを悪役に仕立て上げた」と考えるが、それは必ずしもタリバンが本当は欧米の価値基準に照らして「善玉」とみなしうると言いたいわけではない。しかしその意味を理解するためには、いささか迂遠になるが、タリバンの合わせ鏡としてのイスラーム共和国とは何であったのかを改めて問い直す必要がある。

※23　3兆ドルとも言われる。アフガニスタンの治安部門の再建計画に費やされた資金は８８３０億ドルとされる。酒井啓子「何が悪かったのか：アフガニスタン政権瓦解を生んだ国際社会の失敗」『ニューズウィーク日本版』２０２１年8月19日（https://www.newsweekjapan.jp/amp/sakai/2021/08/post-22.php）。

［第4章］

イスラーム共和国とは何だったのか

アメリカの最も長い戦争は2001年10月7日、当時アフガニスタンの大半を実効支配していたイスラーム首長国、通称タリバン政権に対してアメリカがイギリスを伴って空爆を開始したことで始まった。2001年9月11日のニューヨークのワールドトレードセンターとペンタゴンに対する同時多発攻撃を行ったアルカーイダは、当時タリバンの庇護下でアフガニスタンに本拠を置いていた。アメリカは事件直後にアルカーイダの仕業であると断じ、指導者ビン・ラーディンら幹部の引き渡しを要求したが、アフガニスタン国内での裁判を主張し要求を拒否したタリバンに対して、集団的自衛権の発動による「対テロ戦争」として国連決議を取りつけて有志連合を組織し、10月7日には空爆を開始した。

アフガニスタンに侵攻し、タリバン政権を崩壊させた米ブッシュ（Jr.）政権は、200

ワールドトレードセンター

3年にはイラクに侵攻し、サダム・フセイン政権を崩壊させ、2004年には占領下で暫定政権（傀儡政権）を発足させた。翌2005年には暫定政権の下で憲法を制定、その憲法に則った選挙を行って、2006年には正式政権を成立させたが、米軍占領に対する激しい武力闘争が繰り広げられ、2011年には米軍は撤退することになった。その後、イスラーム国の出現による米軍の再派遣などの紆余曲折はあったが、イラクは前述の腐敗認識指数でも179か国中160位というアフガニスタンと同じような腐敗国家ではありながら、米軍撤収後もイラク国軍も政権も崩壊せず、破綻国家化はかろうじて免れている。

同じようにアメリカの侵攻で政権が打倒され、アメリカの占領下でつくられた傀儡政権でありながら、イラクの政権は米軍の撤退後も存続しているのに対して、なぜアフガニスタンのガニ政権は米軍の完全撤退を待たずして雲散霧消してしまったのだろうか。

アメリカのアフガニスタン侵攻は2001年10月7日に始まったが空爆に限られていたため、地上軍は派遣せず、カブールは旧ムジャーヒディーン政府の一部からなる通称「北部連合」によって11月13日に征服された。この北部連合がカブールを占領したことにより、暫定政府の設立、治安維持のための国際的な部隊の編成が急がれ、急遽ドイツのボンで会合が招集された。会合では暫定政府の成立、国際治安支援部隊（ＩＳＡＦ）（※24）と国連アフガニスタン支援ミッション（ＵＮＡＭＡ）の設立が合意され、国連安全保障理事会の承認を経て、12月22日にはカルザイを議長とする暫定政府が成立した。しかしカルザイはもともと軍閥の長ではなかったため政権基盤が弱く、カブールを占領していた北部同盟の影響を排除できなかった。

ところが、そもそも北部同盟とは、内紛に明け暮れ無法の限りを尽くしたムジャーヒディーン政府の残党であり、彼らには統治能力がなく、国家を荒廃させ民衆を苦しめた。そのため、イスラーム法による世直しのために立ち上がったのがタリバンである。タリバンは瞬く間に彼らを「退治」し治安を回復し、国土の90％を支配したのである。この時期の事情について、カブール大学を卒業した元在アフガニスタン日本国大使高橋博史は言う。

※24　国際平和活動のひとつ。アフガニスタンの治安維持を通じアフガニスタン政府を支援する目的で、２００１年12月5日のボン合意に基づく２００１年12月20日の国連安保理決議１３８６号により設立された。

2001年９月24日、ビン・ラーディンの米国資産の凍結を発表するブッシュ大統領（当時）

1992年、ナジブラ（ナジーブッラー）政権が崩壊し、カブールにムジャーヒディーン各派による連合政権が樹立されたが、権力闘争の結果、アフガニスタン国内はさながら戦国大名が割拠するごとく国土が乱れた。ムジャーヒディーン勢力による政権樹立によって平和が訪れると考えたアフガニスタン民衆にとってムジャーヒディーン同士の権力闘争による内戦の長期化と混迷化は予想だにしなかった事態であった。とくに、共産主義政権の打倒のために13年間も戦い続けてきたムジャーヒディーン兵士や国外に難民となって逃れたアフガニスタン民衆にとって、ムジャーヒディーン各派による権力闘争は、それまでの聖戦の意味を消し去った。さらに、長期間にわたる戦乱で民衆は極度に疲弊し、ムジャーヒディーンに対する期待を失った。権力闘争の激化は元ムジャーヒディーン指揮官や兵士の夜盗化を引き起こし、国内治安の悪化は目を覆うばかりとなった。とくに、南部のカンダハル地方においては、かつてのムジャーヒディーン指揮官は匪賊と化し、誘拐・略奪といった暴虐が日常的に頻発していた。こうした

アフガニスタンの現状が、タリバーン結成の大きな社会的背景となり、タリバーンは民衆の支持を得て急激に勢力を拡大していったと考えられる。（※25）

アメリカの空爆直後の状況に関するSWI（スイス公共放送国際部）の2001年11月14日付の以下の記事もこのようなタリバン誕生の経緯を念頭において読まれなければならない。

サダム・フセイン

旧ソ連軍撤退後カブールを制圧したムジャヒディンらが犯した残虐行為の記憶は、タリバンが去った喜びよりも今後のカブールの治安に新たな不安の影を投げかけている。

メアリー・ロビンソン国連人権高等弁務官は、北部同盟司令官の多くは過去に人

※25　高橋博史「新たな紛争の構図　新勢力「タリバーン」の台頭：1995年のアフガニスタン」『アジア動向年報1996年版』596頁（https://core.ac.uk/download/pdf/288457654.pdf）。

権を侵害した経歴があるとし、米英に対し人権侵害は許されない旨を北部同盟に明確に説明するよう要請した。——中略——アフガニスタンは20年以上続く戦乱で支配者が変わるたびに一般国民の虐殺、レイプなど人権侵害が行われてきた。9日に北部同盟によって陥落したマザリシャリフでは、タリバンの少年兵100人が処刑されたとの情報もある。「タリバンだけが人権を侵害しているのではない。北部同盟が政権についていた時は、北部同盟も犯罪を犯していた」。(※26)

北部同盟とは、国家への忠誠心などなく利害打算で離合集散し権力闘争に明け暮れ、誘拐、略奪を生業とする夜盗、匪賊の類の残党の寄せ集めであり、彼らを追放し、イスラーム法に基づく厳格な統治によってアフガニスタンに治安を回復し統合をもたらしたのがタリバン政権であった。ところがアメリカはタリバンを暴力的に追放し、対タリバン侵攻においてアメリカの協力者となったカルザイをまとめ役の仲介者として、この北部同盟を再び権力の座に就けたのである。

こうした国益など眼中にない旧北部同盟の権力闘争が、世界に可視化されたのが2019年の大統領選挙であった。11月にアシュラフ・ガニ候補の勝利が発表されると、アブ

2020年3月23日当時にアフガンを電撃訪問したポンペオ米国務長官（左）とガニ大統領（右）

ドゥッラー・アブドゥッラー候補が異議を唱え、不正を訴えた。独立委員会は異議を認めず2020年2月18日にガニの当選を確定したが、3月9日、ガニとアブドゥッラーがそれぞれ大統領就任を宣言するという泥仕合に陥った。ポンペオ米国務長官のカブール訪問による仲裁も不調に終わった。仲裁に失敗したポンペオは失望を表明し、「二人の失敗は米国とアフガニスタンの関係を損なっているだけでなく、不幸にも、この国の新たな未来を築くための闘いに命や財産をささげてきたアフガン人や米国人、連合軍のパートナーたちを侮辱している」と批判した。ポンペオはアフガニスタン向けの支援金10億ドルを直ちに削減し、さらに今後の支援国会議で支援自体の取り消しも検討する可能性を示唆した。また、アフガニスタンの駐留米軍全員の2021年までの撤退を断言し、その後カタールに飛び、タリバンのバラーダル師らと会見した（※27）。タリバンの攻勢にもかかわらず権力

※26　「北部同盟カブール制圧：治安維持と人道・人権が火急の課題」SIC（SwissInfo.ch）2001/11/14.（https://www.swissinfo.ch/jpn/北部同盟カブール制圧-治安維持と人道-人権が火急の課題/2368512）。

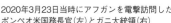

争いに明け暮れるアフガン政府は、この時点でアメリカに見捨てられたのかもしれない。

要言すれば、イスラーム共和国とは、アメリカの主導するISAFの武力によってタリバンから守られ、国連アフガニスタン支援ミッション（UNAMA）が富裕国から吸い上げた莫大な資金をアメリカなどの国際機関が「中抜き」した後の「おこぼれ」にたかる「夜盗」、「匪賊」あがりの利権集団だったのであり、それが白日の下に晒されたのが、2021年8月15日であった。そしてそれがアメリカの利害には反したが、傀儡政権の受け皿として同じシーア派の隣国で政治、軍事的によく訓練された反体制組織、イスラーム・ダウワ党（※28）、イラク・イスラーム革命最高評議会（※29）などの政治勢力が存在したイラクで成立したアメリカ占領軍の傀儡政権とアフガニスタンの場合との違いだったのである。

にもかかわらず、彼らの旧悪を暴いて裁くことはアフガニスタンを再び内乱に導くことが必定であるため、彼らにもamnesty（恩赦）を与えて政権に取り込まざるをえないというのが、アフガニスタン和平の真の問題である。そしてその唯一の解決策が、2012年の国際会議で筆者が行ったアフガニスタン政府（当時はカルザイ政権）とタリバンへの以下の提言であった。

(1)アフガニスタンの現状の分析の論理的な帰結は、上記の諸問題の解決の唯一の方法は、アフガニスタン復興の名の下に途方もなく膨大な富を蕩尽したにもかかわらずまともな国家運営ができなかったことを自らが証明しているカルザイ政権と外国軍に代わって、国土の大半で「影の政府」を構成している反体制武装勢力の主体であるイスラーム首長国に安全保障と統治を任せるべきである、ということです。

(2)タリバンが犯した人権侵害を理由にタリバンの政権編入に反対する主張は退けられなくてはなりません。和平実現のために旧軍閥の犯した人権侵害が不問に付され政権に編入されたのと同様に、和平のためにはタリバンも受け入れられなくてはならないからです。

※27　2020年3月24日付『AFP』参照(https://www.afpbb.com/articles/-/3274991)。

※28　1957年に結成されたイラクのイスラーム政党。サダム・フセイン政権時代に弾圧され幹部の多くはイランに亡命、イラン・イラク戦争ではイランを支持。フセイン政権崩壊後、イラクの主要政党となった。ジャアファリー(在位2005—06年)、マーリキー(在位2006—14年)、アバーディー(在位2014—18年)などの首相は同党出身。

※29　1980年代にイランに亡命したイスラーム・ダウワ党のイスラーム学者たちが結成。サダム・フセイン政権崩壊後、イラクに帰国しイラクの主要政党の一つとなる。2007年、イラク・イスラーム革命最高評議会と改称。

（3）和平は、（時間的に先行する）長く苦しい内戦に終止符を打ち平和と治安を実現したかつてのアフガニスタンの正当な「国民的」政権「イスラーム首長国」に、外国軍の力で支配の正当性を獲得した事実上の正当な政権「イスラーム共和国」が統合される形を採ることが望ましく、逆（「イスラーム共和国」に「イスラーム首長国」が統合される）ではありません。

この時点では、和平により、テロ集団タリバンと戦うという名目で濡れ手に粟で毎年収入が保証されている復興支援利権を失うことを決して認めないアフガニスタン政府に筆者の提言は受け入れられることはなかった。

しかし結果的に、9年後の2021年、イスラーム共和国は雲散霧消し、筆者が提言した通り、現在タリバン（イスラーム首長国）が旧政権の要人にも恩赦を約束し、ガニ大統領はUAEに逃亡したが、アブドゥッラー行政長官（首相）はタリバンとの新政権樹立に向けての協議に入り、同志社大学での会議にタリバンと並んでその代表を招聘したイスラーム党のヒクマチヤール党首（元ムジャーヒディーン政権首相）も協議に加わり、イスラーム首長国がイスラーム共和国を併合する形でアフガニスタンに平和が実現しようとしている。

アフガニスタン紛争の当事者はともかく、国際紛争、国際政治、中東・中央アジア地域研究者などの間で、筆者の提言が真剣に検討されていれば、その後、莫大な資金が浪費されて多くの人命が失われることもなく(※30)、より国際社会にも介入の余地がある形でもっと早く和平が達成されていたであろうと思うと、返す返すも残念である。今となってはできることは、西欧が自分たちの(人権)趣味に合わないとの理由で、ふたたびタリバンを排除しようとする過ちを繰り返すことなく、1973年のクーデター以来の半世紀近くにわたるアフガニスタンの混迷に終止符を打ち、千載一遇の好機を、アフガニスタンの民衆から奪わないことだけである(※31)。

ところが、アフガニスタンの実情を知らないという以前に、ジャーナリストとしての最低限の常識と知性を欠く日本のメディアの多くは、失敗から何一つ学ばずタリバン政権を悪役に仕立て上げて反逆を指嗾《しそう》し、再びアフガニスタンを内戦に引き戻そうとしている。

※30　20年間にアフガニスタンで命を落とした米兵は2452人、英やカナダ、ドイツなどNATO加盟国の犠牲者を含めると3596人にもなるが、アフガン人側の死者数は政府軍・民間人が10万人強、タリバンなど反米派側の被害も5万人を超える。酒井啓子「何が悪かったのか」『ニューズウィーク日本版』2021年8月19日(https://www.newsweekjapan.jp/sakai/2021/08/post-22.php)。

たとえば2021年9月11日付『産経新聞』の森浩は「タリバンが恩赦を反故にしてガニ政権幹部の処刑に乗り出し、恐怖政治を敷き、内務省はデモを許可制にすると発表し、違反者は処罰されると警告しており抵抗を押さえ込むのに躍起だ」と書いている(※32)。しかし恩赦とはタリバン政権に協力する者に対して過去の罪に対して与えられるものであり、恩赦の発表後に恩赦を受け入れず反タリバン活動を続ける者が除外されるのは当然である。

殺害されたのは現在もアフガニスタン・イスラーム共和国副大統領を名乗り、外国にタリバン政権の打倒を呼び掛けている前アフガニスタン副大統領アムルッラー・サーレフの兄弟で反タリバン武装勢力の指導者ロフッラー・アズィズィであった(※33)。日本でも死刑一択の外患誘致罪に相当する犯罪者である。恩赦というのは、タリバン政権に協力を申し出て投降した旧政権の幹部の旧悪を不問に付すことであり、現在外国と共謀し内乱を煽る者を放置することではない。

またデモが届け出制であるのは、内乱の危険などない日本でも道路交通法77条で定められており、違反した者には3か月以下の懲役刑、又は5万円以下の罰金刑が定められている。デモを届け出制にすることが恐怖政治なら、国家が消滅し法秩序の回復と治安の維持が急務のタリバン政権の支配を「恐怖政治」と呼ぶ前に、日本の自民党政権の支配を恐怖政治と呼ばねばならない。

アフガニスタンでは8月29日米軍が住宅街で民間人の乗用車を無人機のミサイルで攻撃し、子供を含む家族10人が死亡した。米軍は「イスラーム国」（ＩＳ）の支部組織による空港へのテロ攻撃を防いだと発表していたが、現地では直後から誤爆と言われており、『ニューヨークタイムズ』は現地で聞き込み調査を行い、米軍の発表を検証し、誤爆を示す証言を得ていたが、9月17日米国防総省は市民10名の殺害が誤爆によるものであると遺憾の意を表明した（※34）。そしてこの調査は西欧のメディアが報道の自由がないと批判す

※31 ２０１０年9月現在、ＥＵもＧ７もタリバンの承認に慎重であり、バイデン政権はアフガニスタン中央銀行の資産を凍結し、国際通貨基金（ＩＭＦ）も経済支援の停止を発表している。Cf., Foo Yun Chee, "EU says no recognition of Taliban, no political talks", *Reuters*, 2021/8/21 (https://www.reuters.com/world/eu-says-no-recognition-taliban-no-political-talks-2021-08-21/), Andrea Shalal, "G7 leaders plan to pledge unity on Taliban recognition, sanctions -sources", *Reuters* (https://jp.reuters.com/article/instant-article/idAFKBN2FO1S8), 2021/8/24、乗京真知「アフガンに援助停止の包囲網 経済まひ、ターバンも高騰」『新聞デジタル』２０２１年８月23日（https://www.asahi.com/articles/ASP8R62PZP8RUHBI0OK.html）参照。

※32 森浩「タリバン「恩赦」一転、恐怖政治へ」『産経新聞』２０２１年９月11日（https://www.sankei.com/article/20210911-WM645EEA2NNGDEYPZLMELKAFAM/?outputType=amp&_twitter_impression=true）。

※33 "Brother of former Afghan VP killed by Taliban", *DW* (Deutsche Welle) 2021/9/11.

るタリバン政権の下で行われているのである。一方で20年におよぶアメリカの傀儡政権下で何千人ものアフガン市民が米軍の誤爆で殺されてきたが、その中でこのように詳細が調査され報道されたことは2007年の海兵隊がジャララバードで19名の民間人を殺害した事件のような例外を除きほとんどない（※35）。

また9月15日付『ニューズウィーク』は、かつて多くのタリバンが収監されており、囚人に対する暴力と大量処刑、拷問で悪名高かったカブール郊外のプル・エ・シャルキ刑務所が現在はタリバンによって運営されていると伝えている。カグナソラはこの刑務所にはソ連軍に占領されていた1970年代末から80年代にかけて作られた集団墓地と拷問室があり、アメリカの支援を受けた政府の管理下に置かれた後も状態はあまり改善せず、劣悪な環境と囚人の詰め込みすぎで悪名高かったことを明らかにしている（※36）。

本当の「恐怖政治」とは、治外法権の外国人の占領軍によって一方的にテロリスト扱いされると抗議の機会も与えられず、尋問すらなく殺されるこの20年のアフガニスタンの現実であった。残念ながら、こうした現実を伝えることもなく現地取材もせず、愚劣な記事を書き散らす日本のメディアの一般的レベルはアメリカにも劣っている。日本のメディアのアフガニスタン関連記事を読む時は十分な注意が必要である。

在イラン日本大使館専門調査員、外務省専門分析官、国連アフガニスタン特別ミッション政務官などを歴任した田中浩一郎は日本では数少ないアフガニスタンの専門家の一人であり、タリバンについての記者の質問に対しては、「人によりけりです。目が血走っていて、理詰めで話してもまったくダメな人もいます。――中略――自分たちの主張に従わない者は殲滅《せんめつ》するという白か黒しかないタイプです。イスラムの教えでは罪なき民を殺してはならないと考え、自分なりのブレーキをかけ、越えてはいけない一線を保とうとする人たちもいます。タリバンも普通の人は普通です」と穏当な意見を述べ、集合体としてのタリバンの暴虐行為についても、タリバンだけでなく１９９０年代の内戦時代以来のアフガニスタンの一般的な行動原理であると正しく指摘している。しかし一方で「私が学校へ行き、働いてきた間、彼らはずっと戦ってきた。統治らしいことをやったことがなく、そのための勉強も準備もしていない」と言い、タリバンを「統治能力ゼロ」と決めつけている。し

※34　高野遥「カブールの子どもらの犠牲、米軍の誤爆か　米主要紙が相次いで指摘」『朝日新聞デジタル』２０２１年9月11日（https://www.asahi.com/articles/ASP9C6K8LP9CUHBI023.html）参照。
※35　２４５頁の脚注※100を参照。
※36　メアリー・エレン・カグナソラ「囚人だったタリバンに奪われた「拷問」刑務所」『ニューズウィーク日本版』２０２１年9月15日（https://www.newsweekjapan.jp/stories/world/2021/09/post-97104.php）参照。

かし彼が学んだ西欧近代的教育、政治手法こそが、何兆ドルもの莫大な金をつぎ込み、治外法権に守られて、アフガン人たちを教育のない遅れた人間と見下して人権を蹂躙し、20年にわたり強権的に支配し、自分たちの価値観を押し付けておきながら、結局のところアフガニスタンをまともに統治できず国家破綻させたのである。そしてまた自分たちが作り上げた政府が、米軍が撤退すれば一夜にして崩壊する砂上の楼閣に過ぎないことを予見することを妨げてきたのである。「統治能力ゼロ」なのはタリバンではなく、自分たちが習ったことが通用するのは、西欧化された社会だけでしかないことを理解できない者の方である。それに気付かず、こうした人々にタリバン政権への対応を任せるならばまた同じ誤りを繰り返すことになるだろう（※37）。

※37　武石英史郎「統治能力ゼロ、清廉潔白は幻想」『朝日新聞デジタル』２０２１年9月16日（https://mail.google.com/mail/u/0/?hl=ja&shva=1#search/reshad%40mail.wbs.ne.jp/FMfcgxcZCGFkCRmqmpCDzZfWKsZrSzMN）参照。

［第5章］

タリバンとの対話

『ウォール・ストリート・ジャーナル』のS・E・ラスムセン記者は「現実にはタリバンの勝利への道は長年かけて築かれたものだ」と言う。

タリバンが欧米の有志連合軍とアフガニスタン政府との戦いに対する市民の支持を獲得したのは、外国軍とアフガニスタン政府による人権侵害や民間人の犠牲、汚職に対する民衆の怒りを背景にしたものであった。タリバンは支配地を広げるにつれ、地方に「影の政府」を設立し、現地の争いを解決し、税金を徴収したり公共サービスを提供したりして、戦闘員を確保するための基盤を広げていた。最終攻撃を開始する頃には治安部隊や地方の政府関係者の士気がすっかり低下していたため、ほとんど戦火を交えることなく主要都市を占拠することができたのである（※38）。

※38 Sune Engel Rasmussen「タリバン速攻勝利の背景、20年かけた基盤構築」*The Wall Street Journal*, 2021/8/19（https://www.jiji.com/jc/article?k=SB10868399456273923419504588001322809259676&g=ws）。

2021年9月2日、アフガニスタンとパキスタンの国境付近を警備するタリバンの兵士

これはアフガン・ウォッチャーの間では周知の事実であり、筆者が前述のロードマップを執筆した10年前の2011年の段階でも、すでに国土の70%はタリバンの「影の政府」によって支配されていると言われていた。

また2001年にアメリカの侵攻を逃れパキスタンに避難していたタリバン兵にインタビューして以来、断続的にアフガニスタンの取材を続けてきた朝日新聞の武石英史郎は、2015年にガズニ州住民を対象に行った聞き取り調査から、複数の村を管轄する「地区」の中心地を政府の役場や警察が支配する一方で、タリバンが村々のモスクを毎日巡回するようになり、そこを事実上の行政窓口にしていき、政府とタリバンによる二重支配が始まったことを回顧する。

武石によると、村でタリバンが存在感を示したのは裁判においてであり、土地をめぐる争いや金銭問題など村人が抱える仲裁案件は数多いが、政府系の役場や裁判所に持ち込んでも、賄賂を要求されたり、放置されたりするのが常であるのに対して、タリバンは1週

間ほどで判決を出し、異論があっても銃の力を背景に判決を守らせた。収穫期になると、作物の集積所やモスクに村人を集め、収穫の1割を徴収した。小麦、野菜、肉の価格を決め、物価統制のようなこともし、NGOなどが行う道路や水路の補修には協力するよう奨励したが、政府が行う工事への参加は認めなかった。

また当時警察官の月給が2万円だったところに、普通の若者なら6万円ほど、村の有力者なら16万円ほどの月給を提示し、志願兵も募集していた。武井によると、この頃「政府の支配は役場からせいぜい200～300メートルの範囲。その外側はタリバンが自由に動き回っていた」。こうした二重支配の地域は「グレーゾーン」と呼ばれ、現地に駐在する国連を含むアフガン内外の機関が動向を注視していたが、アフガン国防省の当時の見立てでも、全土に約400ある「地区」のうち、当時タリバンが政府の役場や警察を追い出し完全支配していたのは7地区のみだったのに対して、グレーゾーンは国土の3割以上に達していたとされる（※39）。

腐敗したアフガン政府や、組織犯罪や麻薬密輸に関わることもある地方当局者に対する

※39　武石英史郎「タリバンのアフガニスタン速攻制圧なぜ?」『Globe+』2021年8月27日（https://globe.asahi.com/author/11008347）参照。

民衆の不満が長年にわたって蓄積し、タリバンの勧誘活動に追い風となったために、タリバンは自分たちの方がより信頼がおけ実行力がある敬虔な存在である、とのイメージを確立することができたのである。

「タリバンは非常に忍耐強い」と述べるカブール大学政治学部のファイズ・モハマド・ザランド教授は、イスラーム法に裁定を求める地方の慣習に習熟したタリバンの人心掌握の手法の一例として、以下のケースを挙げている。

ザランド教授は、故郷の東部パクティカ州の辺地で昔、遊牧民のクチ族が草地に住み着き、現地の部族と対立したときのことを回想した。遊牧民は州都へ赴き、政府から土地使用の許可を得た。だが部族の長老たちはその後、国境を越えてパキスタンへ行き、タリバンの指導者に訴えた。長老たちは自分たちに土地の権利を付与する宗教的布告を携えて戻り、クチ族はそれを尊重したという。タリバンがいるために政府は現地に行くことができず、仲裁することはなかった。ザランド教授は、影の政府が「タリバンの抵抗を正当化し、アフガン政府の合法性を認めず、人々とのつながりを醸成した。それが勧誘に役立った」と話した（※40）。

ラスムセンの挙げる別の例では、カブール占領までアフガニスタンにおけるタリバンの事実上の首都だったヘルマンド州サンギンでは、政府の統制地域では絶え間ない戦闘のために子供たちを学校に行かせることができず、政府は教師に給料を支払っておらず、公立学校では授業もなく教師もいなかった。そのため、カブールや州都ラシュカルガーの公立学校の教材を使って政府の学校と同じ科目を教える私立の男子校を自ら開いたのが親タリバンの教師であった(※41)。日本は5億ドルもの復興支援を行ったが、その大半は中間搾取に消え、アフガニスタンの政府要人が贅を尽くした生活を享受する一方で、必要な場所には行き渡っていなかった。それは私自身がカンダハルなどのアフガニスタンの地方都市を訪れてフィールドワークを行って確認したことでもある。

タリバンは首都カブールに入城すると、旧政権の人間への恩赦を発表したが、それは地方で時間をかけて人心を掌握し「影の政府」を構築した手法と同じである。アフガニスタンの政府軍兵士とタリバン戦闘員が互いに顔見知りであるような、結び付きの強い農村地域では、カブールの中央政府に知られることなく両者が連絡経路を確立し、地域の停戦合意を結んでいた。政府軍兵士たちは長年、中央政府が給料を支払わないことに不満を抱い

※40　武井前掲論文。
※41　武井前掲論文。

2021年９月２日、タリバンがアフガン政権を掌握後、カブールの通りを警備する兵士

ており、政府軍を離脱した兵士にはタリバンから1か月分の給料に相当する150ドルの報酬が与えられると伝わっていた。ナンガルハル州の州都ジャララバードでは、地元のタリバン司令官が恩赦と引き換えに知事に24時間以内の降伏を求め、知事は降伏した。政府軍司令官たちは予告もなしに逃亡したため、残された25名の兵士はタリバンから恩赦の書簡をもらい、武器を渡した。占領後の首都カブールにおいても国家レベルにおいても同様で、タリバンは一定の公益事業を維持するために、カブール市長と保健相の留任を許可し、カブールの住民は数週間ぶりにほぼ滞りない電気の供給を受けることができるようになっている（※42）。

また前章で述べたように、米軍産学複合体とアフガニスタン政府の共犯関係により、西欧ではタリバンを悪役に仕立て上げるために、彼らがあたかも自分たちに敵対する者は問答無用で虐殺する、残忍な狂信者であるかのように描く言説が流布しているが、戦闘は最終手段であり、できる限り交渉による解決をはかってきたのは、結成当時からの原則である。高橋博史も結成当時のタリバンについて「タリバーンの戦闘方法はねばり強く投降を呼びかけ、やむを得ざる場合に攻撃を行うという形がとられている」と述べている（※43）。

高橋は2016年の時点でも在アフガニスタン日本国大使職からの帰朝報告でタリバンについて以下のように述べている。

もう一つの大きな問題は、部族主義の結果、汚職と腐敗が蔓延する社会になったことである。私の知っている1970年代のアフガニスタンには賄賂などはなかった。賄賂や汚職が増加したのは2002年頃からではないかと思う。腐敗の進行具合はすさまじい。タリバンが民衆の支持を得る最大の理由は、彼らは腐敗していないことにある。例えば、地方で交通事故を起こした場合、警察の判断は、賄賂できまる。他方、タリバンは事情を聞いた後、シャリーア（啓典クルアーンと預言者ムハンマドの言行録ハディースの教え）に沿って判断する。また、彼らはお金を要求するわけではない。国民が、どちらを支持するかは明白である。――中略――テロのない

※42　武井前掲論文。
※43　高橋前掲論文「新たな紛争の構図」598頁。

国家を目指すには、和解が第一の段階となるが、そのためには腐敗を一掃する必要がある。民心が反政府のタリバンを支持するのは、コーランに基づき裁定を行うタリバンに腐敗がないからだ（※44）。

こうしたタリバンの本当の姿は、米軍産学複合体、（旧）アフガニスタン政府、国際機関、人権団体のような利害関係者などの党派的な発言や、現地語も現地事情も知らないジャーナリストのにわか仕込みの聞きかじりの断片的な情報の垂れ流しによっては窺い知ることができず、それには先行研究の渉猟、長期的な観察と総合的、客観的な分析が必要である。

しかし、我々は幸いなことにアフガニスタン社会を知悉《ちしつ》した高橋博史と故中村哲の証言を日本語で読むことができる。高橋博史はダリー語を学びカブール大学を卒業し、タリバン政権の初期（1996—98年）に国際連合アフガニスタン特別ミッション政務官としてアフガニスタンに滞在していた。さらに暫定政権期（2002年）に国連アフガニスタン支援ミッション首席政治顧問を務め、カルザイ政権からガニ政権への移行期にアフガニスタン大使を歴任したという経歴の持ち主である。また、ペシャワール会（※45）で1991年2月にアフガニスタンのナンガルハル州にダラエヌール診療所を開設して以来、2019

年にナンガルハル州で銃撃され殉職するまで、30年近くアフガニスタンの民衆の間で暮らし、長年にわたってタリバンとも日常的に接触していた中村哲医師は2001年に以下のように述べている。

中村哲医師

北部同盟の動きばかりが報道されて、西側が嫌うタリバン政権下の市民の状況が正確に伝わらない。日本メディアは欧米メディアに頼りすぎているのではないか。北部同盟はカブールでタリバン以前に乱暴狼藉を働いたのに、今は正式の政権のように扱われている。彼らが自由や民主主義と言うのは、普通のアフガン市民から見るとちゃんちゃらおかしい。カブールの市民は今、米軍の空爆で20人、30人が死んでも驚きま

※44　高橋博史「最近のアフガニスタン情勢」中東調査会「中東情勢講演会」２０１６年12月13日（https://www.meij.or.jp/event/2016_12.html）。

※45　パキスタンでの医療活動に取り組んでいた医師の中村哲を支援するために１９８３年に結成された非政府組織。農業事業にも取り組んでいる（http://www.peshawar-pms.com/）。

アフマド・シャー・マスード

せん。以前、北部同盟が居座っている間に、内ゲバで市民が1万5000人も死にましたから。

今もてはやされている北部同盟の故マスード将軍はハザラという一民族の居住区に、大砲や機関銃を雨あられと撃ち込んで犠牲者を出した。カブールの住民の多くは旱魃で農村から逃げてきた難民。22年の内戦で疲れ切っていて、「もう争いごとは嫌だ」と思っている。逆に言うと、厭戦気分が今のタリバン支配の根っ子にあると思います。各地域の長老会が話し合ったうえでタリバンを受け入れた。人々を力で抑えられるほどタリバンは強くありません。旧ソ連が10万人も投入して支配できなかった地域です。一方で市民は北部同盟は受け入れないでしょう。市民は武器輸送などでタリバンに協力しています。北部同盟に対しては、昔の悪い印象が非常に強いですから。

タリバンは訳が分からない狂信的集団のように言われますが、我々がアフガン国内に入ってみると全然違う。恐怖政治も言論統制もしていない。田舎を基盤とする政権で、いろいろな布告も今まであった慣習を明文化したという感じ。少なくとも農民・貧民層にはほとんど違和感はないようです。

例えば、女性が学校に行けないという点。女性に学問はいらない、という考えが基調ではあるものの、日本も少し前まではそうだったのと同じです。ただ、女性の患者を診るために、女医や助産婦は必要。カブールにいる我々の47人のスタッフのうち女性は12～13人います。当然、彼女たちは学校教育を受けています。

タリバンは当初過激なお触れを出しましたが、今は少しずつ緩くなっている状態です。例えば、女性が通っている「隠れ学校」。表向きは取り締まるふりをしつつ、実際は黙認している。これも日本では全く知られていない。

我々の活動については、タリバンは圧力を加えるどころか、むしろ守ってくれる。例えば井戸を掘る際、現地で意図が通じない人がいると、タリバンが間に入って安全を確保してくれているんです（※46）。

タリバンの現状については、２０１４年から２０２０年までアフガニスタンで国連アフ

※46　中村哲「タリバンの恐怖政治は虚、真の支援を」『日経ビジネス』２００１年10月22日号（https://business.nikkei.com/atcl/seminar/19/00059/120400219/）。

山本忠通

ガニスタン支援団（UNAMA）の代表を約4年にわたって務め、タリバンと協議を繰り返してきたた山本忠通も以下のように述べ、タリバンを批判するばかりではなく国民が安心できるような政治と行政を行うよう促していくことを提言している。

タリバンは大きな組織で、軍事部門と政治部門を持っている。教育や保健など行政分野ごとの委員会もある。政治部門の指導者は国際情勢を把握し、英語の堪能な者も少なくない。タリバンのウェブサイトで発表される声明や主張は極めて論理的で洗練されている。イスラム関連だけではなく、古今東西の文献を引用することもある。知的レベルは高く、国際社会とどのように付き合えば良いのか理解している。

彼らは今、「外交官の安全を保障する」「復讐しないから安心してほしい」「行政官が必要だから国に残って欲しい」「アフガン人の皆を代表する（inclusive）政府をつくる」と訴えている。彼らは、周囲の懸念を理解している（※47）。

タリバンが対話に開かれていることに関して、各国政府だけでなく、大学や研究機関などでさえこれまで重大な過ちを犯してきた。タリバンはカルザイ政権、ガニ政権をアメリカの傀儡政権として一貫して対話を拒否してきた。２０１２年の同志社大学での会議は、アフガニスタン国内も含めて、カルザイ政権の公式代表とタリバンの公式代表が公開の場で世界で初めて同席した画期的事件であった。なぜ国際政治に影響力も有さず資金提供もできない、それまで一面識もなかった、非イスラーム圏の一私立大学のアフガニスタン和平会議の招聘《しょうへい》にタリバンは応じたのか。理由は簡単である。同志社大学が「イスラーム首長国」の元首宛に公式な代表の派遣を求める招聘状を送り、「イスラーム首長国」と「イスラーム共和国」の間での交渉を和平の前提条件だと明言したからである（※48）。

すでに時効だと思うので内幕を明かすと、企画の段階では同志社大学はカルザイ政権の代表を呼ぶ予定はなかった。しかしイスラーム党代表ガイラト・バヒーラ氏ら他の参加者

※47　「論理的、洗練された一面も　タリバンを熟知する日本人が見るアフガニスタンのこれから」『The Asahi Shinbun Globe+』２０２１年８月19日（https://globe.asahi.com/article/14420464）。メディアの中にもタリバンのカブール入城10日を経て、これまでの反タリバン・プロパガンダを疑い、アフガニスタン社会とタリバンの実態を知ろうとする動きが現れている。たとえば、今井佐緒里「タリバンはなぜ首都を奪還できたのか？　多くのアフガン人に「違和感なく」支持される現実」『ニューズウィーク日本版』２０２１年８月26日（https://www.newsweekjapan.jp/imai/2021/08/post-10.php）参照。

ムハンマド・ナイーム・タリバン報道官がアフガニスタン全土掌握後、日本メディアの単独インタビューに応じ、2012年にタリバンの公式代表団が初めて日本（同志社大学国際会議）に派遣されたことに言及

タリバン
ムハンマド・ナイーム 報道官
覚えていると思いますが 私たちの最初の代表団が
2012年か2013年に日本を訪問しました

のビザ発給などの外交手続きの過程で会議の存在を知ったカルザイ政権側から、参加させて欲しいとの依頼があり、スタネクザイ大統領顧問の招聘を決めることになったのである。タリバン招聘を担当していた筆者は、カルザイ政権を相手にせずと繰り返し明言していたタリバンが、来訪を取り消すのではないか、と危惧した。しかしタリバン側は、我々はタリバンの代表として政府との和平交渉をする権限は与えられないが私人として彼らと同席するのは問題ない、とスタネクザイ顧問との同席を認め、無事会議に参加してもらうことができた。

ところが会議の直前になってタリバン側が、政権側と同席するのは嫌だと言い出した。しかし主催者の内藤正典が、あなた方は私が招いた客人だが、政権側の代表も会議に来たいと言ってきたので、私が客人として迎えたのに異を唱えるのか、と答えると、それ以上何も言わずに引き下がり、タリバンは客分の仁義を弁えた人たちであることを印象付けた。

こうして会議が始まると、今度は政府側から抗議がきた。内藤正典は2021年7月6

日付のツイートで書いている。「会議は冒頭から揉めた　政府代表は国号をアフガニスタン・イスラム共和国と名乗りタリバンはアフガニスタン・イスラム首長国と。私は会議の主催者として、同志社は一私立大学であり、主権国家の集まりでないから、各々、自らの望むように名乗って構わないと言って会議は何とか続いた」と述べているが、揉めたのはスタネクザイ政府代表が、タリバンがイスラーム首長国を名乗ることは許されない、と抗議したからである。しかし同志社大学は、我々は政府の外交的立場に縛られない私立大学であり、タリバンをイスラーム党のようなアフガニスタンの反体制組織の一つではなく、自らが称するイスラーム首長国として遇する、ということで押し切って、無事に会議は成

※48　前述のロードマップでは冒頭に「1.両当事者が相互にその交戦相手を、それぞれの元首によって代表される組織化された政治的実体として承認するとの声明を国際社会に向かって同時に発表する。2.和平交渉の代理人の選定。一人は、一方の当事者（米国）の元首（オバマ大統領）によって指名された代理人、別の一人は他の当事者（イスラーム首長国）の元首（「信徒たちの司令官（Amīr al-Mu'minīn）」ムッラー・ウマル）によって指名された代理人であり、もう一人は、両当事者の代理人双方によって承認され指名された仲裁者になります」と明記した。

アフガニスタンでインタビューしたザイーフ師も「まず交渉には、交渉相手の敵としてムッラー・ウマルを元首とするイスラーム首長国の政体としての実体の存在を認めること、イスラーム首長国の使節が独立性と安全を保障される中立的な交渉の場を作ることが、第一の条件となる」と述べた。拙ブログ２０１１年5月8日「ザイーフ師、ムタワッキル師インタビュー」（https://hassankonakata.blogspot.com/2011/05/blog-post.html）参照。

立（4頁、口絵【写真5】参照）した。

そして会議終了後の私的な懇親会の場ではタリバン代表とカルザイ政権代表、それに元タリバン・パキスタン大使ザイーフ師がなごやかに鍋をつついて談笑し（8頁、口絵【写真14】参照）、食事後にはザイーフ師の先導の許にタリバン代表と政府代表と筆者は共に夜の礼拝を行った（※49）。つまり、タリバンによるイスラーム共和国との交渉拒否とは、国家内の一反体制組織として政府と交渉することは拒否する、ということであり、交渉するなら政権側がタリバンを国家としての正当性を争う「イスラーム首長国」として遇することが前提条件となるが、一人の私人としてなら大統領であれ誰であれ対話を拒否するわけではない、という意味である。同志社会議は、タリバンは政府代表とも共に食事の席に着き、談笑し、共に祈るという行動によって、カルザイ政権側にはっきりとそのメッセージを伝えたのである。

同志社会議の10日後に東京で開かれたアフガニスタン復興会議で来日したカルザイ大統領は同志社会議をアフガニスタン対話への「Doshisha Process」と呼び、東京会合の成功に大きく貢献したと述べた（※50）。そしてカルザイはタリバンによる開城後もカブールに留まり、タリバンの下でカルザイ元大統領、ガニ政権アブドゥッラー行政長官（首相）、ムジャーヒディーン政権ヒクマチャヤール元首相らが私人として加わり、アフガニスタンの未来を協議する和平対話が実現することになったのである（※51）。

タリバンは決して対等な対話を拒否したわけではなく、拒否したのは対等性が保証されない高圧的な相手との対話であり、むしろ対等な対話を拒否してきたのは政権側であった。そしてこれはタリバンに限らず、「テロリスト」などのレッテルを貼られているものとの「対話」において一般的に生ずる問題である。

※49　しかしたとえ私的にではあってもタリバンの幹部と政府の要人がなごやかに会食することはアフガニスタン国内では不可能であった。実は前年２０１１年９月にタリバンとの和解を担当する政府機関「和平高等委員会」の議長ラッバーニー（元ムジャーヒディーン政府大統領）が、タリバンの密使によって自宅で爆殺されたが、同委員会のメンバーであり同席していたスタネクザイは巻き添え被害を被り命はとりとめたが重傷を負っており、来日時にも後遺症で足を引き摺っていた。Cf., Hamid Shalizi, "Ex-Afghan president lured into deadly trap", *Reuters*, 2011/9/22（https://www.reuters.com/article/us-afghanistan-assassination-idUSTRE78L3AZ20110）.

※50　内藤正典「アフガニスタンの和解と平和構築」『同志社時評（第１３４号）』73頁（https://www.doshisha.ac.jp/attach/page/OFFICIAL-PAGE-JA-1773/18976/file/134_072.pdf）。

※51　アブドゥッラーは２０２１年８月22日付の自らのツイッターアカウントで、カルザイと共にタリバンとアフガニスタンの将来の政体を協議していることを写真入りで報告している。Cf., Islamuddin Sajid, "Former Afghan premier says all ethnic groups to support future government - Formal talks for future set up after complete withdrawal of foreign troops, says Gulbuddin Hekmatyar", *Anadolu Agency*, 2021/8/23(https://www.aa.com.tr/en/asia-pacific/former-afghan-premier-says-all-ethnic-groups-to-support-future-government/2343600).

「9・11」同時多発テロが起きた半年後から約20年アフガニスタンに滞在し、中国製品を売る店舗を集めた商業ビル「中国城」の主《あるじ》である中国人余明輝氏は、電話インタビューに次のように答えている。「『中国城』を臨時休業したのはタリバンがどんな行動をとるか分からなかったカブール『陥落』の8月15日から1週間だけで、秩序を取り戻しつつある。周囲の店や市場も次々に店を開いており、タリバンは中国城にもやって来て、警備を務めるアフガニスタン人に対して『何か困ったことがあったら必ず助ける。面倒があったら言ってくれ。中国人は友達だ』と言った」と(※52)。

人種、宗教、身分の別なく客人は誰であれ手厚くもてなすのは、パシュトゥンワーリー(パシュトゥーン人の掟)である。またイスラームの教えでも、クルアーン9章6節に基づいて異教徒の客人を庇護して無事に帰国させることは義務である。タリバンの復権後のメディアの報道を見る限り、イスラームの教えを尊重し、タリバンの客人としての分を守って行動している外国人がタリバンから暴行を受けたという報告はない。たとえ異教徒の外国人であっても、客人の分をわきまえアフガニスタンの慣習とイスラームの教えを尊重して滞在する限り、タリバン政権が危害を加えると考える理由は管見の限り現時点では見当たらない。

［第6章］
タリバンとは何か

本章ではタリバンの誕生と発展について概観したい。

「タリバン」とは神学生集団を意味し、当初彼らが神学生集団であったことから「タリバン」と通称されるようになったことは既に述べた。現在の政治委員会議長バラーダル・アーホンド師（1968年生まれとも言われる）もタリバンの初代指導者ムッラー・ウマル師（1960―2013年）らとの共同創設者であるが、初期メンバーたちはほぼ全員がパシュトゥーン人、特にカンダハル州の出身で、内戦を避けてパキスタンのアフガニスタン国境に近くパシュトゥーン人の多いペシャワールのマドラサ（イスラーム神学校）の卒業生であることが最大の特徴である。

筆者もカンダハルのアシュラフィーヤ学院を見学したが、有名なマドラサでは国を超え

※52　吉岡桂子「カブール『中国城』主が語る　私とアフガン」『朝日新聞デジタル：アナザーノート』２０２１年9月12日（https://ml.asahi.com/p/000004c215/11734/body/pc.html）参照。

バラーダル・アーホンド師

て多くの学生が集まり、幼少期から寄宿制で寝食を共にし、祈りつつ学ぶ規律正しい生活を送る。日本だと名僧を輩出した昔の比叡山延暦寺のような、出家者の全寮制の学問と修行のコンプレックスをイメージするとよいかもしれない。タリバンとはいわば妻帯した「僧兵」なのである。

タリバンは1994年3月頃、当時マドラサの教師であったムッラー・ウマル師が夢で預言者ムハンマドから、匪賊化したムジャーヒディーンの軍閥が割拠し無法の限りを尽くすアフガニスタンの現状を憂うならば武装決起せよ、そうすれば神は支援を約束される、との告知を受けて、バラーダル師ら友人数名と共に設立したとされる（※53）。

アフガニスタンでは1930年代に「南アジア・マドラサ伝統」と呼ばれる18世紀にインドで作られた「ニザーミー学習法（Dars-e Nizami）」と呼ばれるカリキュラムをインドのデオバンド学派（※54）の協力を得て導入し、カブール、カンダハル、ヘラート、ジャララバードなどに官立のマドラサが作られたが、タリバンに最も影響力があるのはむしろ国外のパ

ムッラー・ウマル師

キスタンのペシャワール地方にあるマドラサ「ダールルウルーム・ハッカーニーヤ」である（※55）。

そもそもイスラームは普遍宗教であり、国籍に意味はない。タリバンには、アフガン難民の神学生だけでなく、パキスタン人の学生も加わっていた。タリバンの特徴は、幼少時から同じ師につき寝食を共にし祈りつつ学ぶ修行を重ねてきた、南アジアのスンナ派イスラームの多数派であるデオバンド学派の同じ価値観と知識を共有し、固い絆で結ばれた同門の兄弟弟子であることである。そ

※53 高橋前掲論文「新たな紛争の構図」596－597頁。

※54 19世紀後半に起こったスンナ派イスラーム改革運動で、北インドのウッタル・プラデーシュ州デオバンドに位置するイスラーム宗教学校（マドラサ）として知られるデオバンド学院関係者によって形成された。

※55 アフガニスタンとパキスタンのマドラサのネットワークの詳細については、Cf., Kaja Borchgrevink, *Beyond Borders: Diversity and Transnational Links in Afghan Religious Education*(PRIO paper), 2010, Oslo(https://www.files.ethz.ch/isn/144231/PRIO%20Paper_%20Borchgrevink_%20Beyond%20Borders%20Diversity%20and%20Transnational%20Links%20in%20Afghan%20Religious%20Education_September%202010.pdf), Mohammed Osman Tariq, *Religious Institution Building in Afghanistan: An Exploration*(PRIO paper), 2011, Oslo(https://www.files.ethz.ch/isn/133490/Religious%20Institution%20Building%20in%20Afghanistan%20PRIO%20Paper%202011.pdf).

してマドラサのシステムでは、兄弟子は弟弟子のチューターでもあるので、「僧兵」タリバンには軍隊組織である前にイスラーム学の師弟関係の霊学的ヒエラルキーが存在するのである。

1994年にタリバンが結成され戦いを始めた時、彼らは戦う神学者、僧兵集団だったのであり、「タリバン（神学生集団）」の名は体を表していた。しかし1996年にカブールを無血占領すると、最高指導者ウマルは厳格にイスラーム法を施行する「イスラーム首長国」の樹立を宣言し、最高評議会メンバーをカブールに派遣し、ムッラー・ラッバニーを議長とする暫定政権を樹立した（※56）。

イスラーム首長国樹立後、神学生だけでなく、一般の民衆から兵士になる者も含め、イスラーム首長国の下でタリバンと共に国づくりに参加する者が大量に生まれる。彼ら「新参者たち」はタリバン創設メンバーのような古参の幹部と異なり、「タリバン（神学生集団）」ではない。たとえば筆者がアフガニスタン滞在中に世話になり、同志社のアフガニスタン和平会議にザイーフ師の通訳として参加したムトゥマイン（6頁、口絵【写真10】参照）も、

※56　高橋博史「タリバーンによる全国制覇への動き　タリバーンの首都制圧：1996年のアフガニスタン」『アジア動向年報1997年版』583頁（https://ir.ide.go.jp/?action=repository_uri&item_id=38804&file_id=26&file_no=1）。

パフレヴィー朝ペシャワールのハッカーニーヤのマドラサ

マドラサの勉強風景

2019年５月30日、ロシアのモスクワでアフガニスタンがタリバンと会談。右から二人目がバラーダル師。タリバンの共同創設者のひとり

1996―2001年のタリバン政権（イスラーム首長国）の下で働いていたが、神学生ではなく一般大学卒のジャーナリストだった。イスラーム首長国建国以降、「タリバン」は必ずしも「神学生」ではなくなったのである。それゆえイスラーム首長国建国以降については「タリバン」の呼称を用いることはミスリーディングでもある。

イスラーム首長国樹立以降のタリバンは、僧兵集団から、僧兵をコアとして、その理念に共鳴する「平信徒」から、利害打算から権力の分け前に与かろうとする者まで帰属意識にグラデーションがある内包も外延も曖昧な人間の集団に変質した。しかし現在もなおタリバンはその創設第一世代が指導権を握っている。それゆ

えタリバンの行動の分析には、「幼少時から同じ師につき寝食を共にし祈りつつ学ぶ修行を重ねてきた、南アジアのスンナ派イスラームの多数派であるデオバンド学派の同じ価値観と知識を共有し固い絆で結ばれた同門の兄弟弟子たち」という「タリバン（僧兵）」の特質を考慮することが決定的に重要だと筆者は考える。

とはいえ、現在のタリバンを理解するためには、次の新しい要素にも気を配らなければならない。すでに2009年にダウード・アザミは、イスラーム首長国の広報部が公式ウェブサイトで世界に向けて5つの言語（パシュトゥ語、ダリー語、ウルドゥー語、アラビア語、英語）で、戦場での報告や声明を発表する新たな広報戦略を採用し、感情に訴える詩や歌やタリバンの戦果や外国軍の残虐行為などの映像を収めたDVDなどを配布するようになったことを指摘している（※57）。

タリバンはパキスタン人の神学生が加わっていただけでなく、パキスタン軍から軍事訓練も受けていた。パキスタンはムジャーヒディーンの対ソ連ジハード時代からアフガニスタンのムジャーヒディーンのゲリラ戦の後背地であり、初期のタリバンがパキスタンのア

※57　Dawood Azami, "Taliban slick propaganda confronts US", *BBC News*, 2009/8/3（http://news.bbc.co.uk/2/hi/south_asia/8176259.stm).

ザイーフ師のカブールの自宅に招かれた筆者

フガン難民キャンプの出身であり、イスラーム学のネットワーク、パシュトゥーン人のネットワークなどを通じて軍事支援を含めた様々なパキスタンの支援なしには存在しなかったことは事実である（※58）。しかし現副首相バラーダル師が2010年にカラチで逮捕され、2018年にアメリカの要請で解放されたことからも分かるように、それはタリバンがパキスタンの操り人形であったことを意味しない。ザイーフ師（2頁、口絵【写真1・2】参照）も2011年にアフガニスタンで行ったインタビューで「パキスタンにはたくさんのタリバンが捕まっており、彼らの扱いは米軍によるよりも悪い。パキスタンは全く信用できない」と述べている（※59）。悪名高い米軍グアンタナモ収容所にも拘留された経験を持つザイーフ師の言葉だけに値千金である。

　2021年9月4日付汎アラブ紙『アッシャルク・アルアウサト』もタリバンはこれまでのアフガニスタンの政権と同じくデュアランド・ライン（※60）をパキスタンとの国境と

認めることを拒否しており、またパキスタン政府に「パキスタン・タリバン」の取り締まりを求めていることからも、タリバン政権がパキスタンの傀儡政権にならないことは明らかであると述べている（※61）。

イスラーム学ではおよそ20年学び20年教えることで一人前の学者となる。タリバン結成時にはまだ「神学生（タリバン）」だったバラーダル師ら現在のタリバンの幹部たちは、25

※58　タリバンの新政権樹立が難航するなかで、タリバンを軍事支援してきたと言われるファイズ・ハミドーＳＩ（パキスタン軍統合情報局）長官がカブールを訪問している。Cf., Meenakshi Ray,“Don't worry, everything will be OK”, *Hindustantimes*, 2021/9/5（https://www.hindustantimes.com/world-news/dont-worry-everything-will-be-ok-isi-chief-during-afghanistan-visit-101630807721139.html).

※59　拙ブログ２０１１年５月８日「ザイーフ師、ムタワッキル師インタビュー」（https://hassankonakata.blogspot.com/2011/05/blog-post.html）参照。

※60　デュアランド・ラインは１８９３年にイギリス領インド帝国の外相であったモーティマー・デュアランドとアフガニスタン国王のアブドゥッラフマーン・ハーンの間で調印されたデュアランド・ライン条約の結果生まれた約２６４０㎞に及ぶパキスタンとアフガニスタンの国境線であり、当時のこの地域での大英帝国の勢力圏を示すものであった。

※61　Cf., Prakriti Gupta,“Hal yumkinu i'tibār Bākistān al-Muntaṣir al-Akbar?”, *Asharq alawsat*, 2021/9/4(https://aawsat.com/home/article/3169216/%D9%87%D9%84-%D9%8A%D9%85%D9%83%D9%86-%D8%A7%D8%B9%D8%AA%D8%A8%D8%A7%D8%B1-%D8%A8%D8%A7%D9%83%D8%B3%D8%AA%D8%A7%D9%86-%D8%A7%D9%84%D9%85%D9%86%D8%AA%D8%B5%D8%B1-%D8%A7%D9%84%D8%A3%D9%83%D8%A8%D8%B1-%D9%81%D9%8A-%D8%A3%D9%81%D8%BA%D8%A7%D9%86%D8%B3%D8%AA%D8%A7%D9%86%D8%9F).

年以上の時を経た今、もはや「タリバン（神学生）」ではなく、「ウラマー（イスラーム学者）」である（※62）。

1996─2001年のタリバン政権時には、偶像崇拝禁止の観点から写真やテレビは禁止されていたし、バーミヤンの石仏の破壊（※63）もその一環であり、タリバンが親族以外の女性と同席することもなかった。しかし現在のタリバンは写真やテレビをむしろ積極的に利用しており、異教徒の外国人女性記者とのインタビューのテレビ撮影も拒まない。こうした変化も「穏健化」などという非学問的なラベリングで済まさず、また状況の変化による場当たり的な対応や、欧米の歓心を買うための妥協、追従とみなすのでもなく、「ウラマー」になったタリバンのイスラーム学的現実認識の深化の結果として分析する方が生産的である。しかし現時点では、イスラーム学的に彼らの学問水準について分析するだけの判断材料が不足しているため、それは将来の課題としたい。

［第7章］タリバンに対する誤解を超えて

中東研究者の酒井啓子は、アフガニスタン情勢の分析の失敗に対するアメリカの自己批判について、「問題はただの『情報不足』なのだろうか？　より現地に密着し現地社会を理解した知識と情報を以て統治すれば、それでよい、ということなのか？　それは言い換えれば、かつての大英帝国のオリエンタリストたちのように現地を知り尽くした研究者を起用すれば、『いい統治』ができる、ということなのか？　かつて現地の方言を駆使し、地元部族とツーカーの関係を積み上げて大英帝国の植民地統治に大いに貢献した、T・

※62　ただし、シール・スタネクザイは、旧タリバン政権においても外務副大臣を務めた古参幹部であるが神学生出身の創設メンバーではない。彼はインドとの防衛協力プログラムで1979―82年にインドの陸軍士官学校で学んだ後、インドの軍事アカデミーで教練を受け、帰国後国軍に入ったが脱退し、ムジャーヒディーンに加わり、後にタリバン運動に加わっている。Cf., "Sher Mohammad Abbas Stanikzai: Top Taliban leader trained with Indian Army", *CNBCTV18*, 2021/9/1 (https://www.cnbctv18.com/world/top-taliban-leader-sher-mohammad-abbas-stanikzai-aka-sheru-trained-with-indian-army-10577301.htm).

※63　2001年2月26日にタリバンはイスラームの偶像崇拝禁止の規定に反しているとしてバーミヤンの大仏（磨崖仏）の破壊を宣言した。

E・ロレンスやガートルード・ベルのような考古学者が重用されていれば、米国はアフガニスタンで成功したのだろうか？」と自問自答している。

さらに「今世紀に入ってからの米国の支配の失敗は『情報不足』や『当時の政権の凡ミス』で済まされるほど単純ではなく、冷戦後の地域紛争や破綻国家に対して国際社会がどうかかわっていくかという、未解決の難問を常に棚上げにしてきたことの、つけだと考えるべきだろう」と述べる（※64）。

酒井が指摘する「かつての大英帝国のオリエンタリストたちのよう」な分析としてアントニオ・ジュトッツィの『タリバンの戦争：２００１—２０１８（The Taliban at War, 2001-2018）』（２０１９）を、武内和人のnote「戦争、政治、人間を学ぶ」（２０２１年8月13日付）に従って要約すると以下のようになる。

タリバンは２００５年から２００９年にかけてアフガニスタン南部のカンダハル州に潜入して地元有力者との関係を構築することに成功し、新たに構成員や協力者を獲得した。タリバンの活動が活発になった理由には単に住民への浸透だけではなく、パキスタンの軍統合情報局（ＩＳＩ）の援助がある。

ＩＳＩは２００５年にアフガニスタン議会選挙妨害のため３０００万米ドルをタリバンに提供し、その後も継続的に支援したが、タリバンはパキスタンだけではなく、アラブ諸国からも幅広く支援を受けており、イランとの関係が特に重視されていたことが判明している（※65）。

２０１４年の時点でタリバンの独自収入は全体の20％ほどにすぎず、地方での徴税、麻薬の密輸が主な収入源で、残りの80％は外部からの資金援助であり、特に外国政府からの援助は54％を占めるほど大きな割合を占めていた。

２００９年から２０１２年にかけて米軍の強い反撃で戦局が悪化し、クエッタ・シューラーに対抗する派閥がミラン・シャー、ペシャワールで出現して内部対立が表面化し、軍事的にも危機に陥ったが、パキスタンとイランから送り込まれていた軍事顧問の助言に

※64　酒井前掲論文「何が悪かったのか」。
※65　１９９６―２００１年のタリバン政権期、イランは北部同盟の故マスードを支援していた。２００１年のアメリカのアフガニスタン侵攻においてはイランはアメリカに協力した。しかし２００２年１月ブッシュ米大統領（当時）からイランはイラクと北朝鮮とともに「悪の枢軸」と呼ばれたため、裏切られたイランは反米のタリバンと近づき、遅くとも２００６年にはタリバンに小火器やロケット、プラスチック爆弾を供給するようになった。飯島健太「イラン・タリバン『反米』で一致した関係に潜む脆さ」『新潮社Foresight』２０２１年８月26日（https://www.fsight.jp/articles/-/48201）参照。

よって戦闘能力を向上させた。

2011年からは広報にソーシャル・メディアを積極的に活用するようになり、また政府軍内部に密かに浸透して機密情報の入手が可能になった。

この時期にイラン革命防衛隊と繋がりを持つ派閥のマシュハド・シューラーの勢力が拡大し、イランの影響力が強まった。2010年にイランからの資金援助額は4000万米ドルから6000万米ドルに引き上げられ、2011年には8000万米ドル、2012年には1億6000万米ドルになった。また武器や装備もイランの援助で近代化された。

武内は最後に「世界の超大国である米国の軍隊を相手に非国家主体であるタリバンがこれほど長期戦を遂行することができた理由として注目されるのは、第一に外国政府、パキスタンやイランの援助があったことでしょう」とまとめている。


ジュストッツィの記述が事実か否かはここでは問わない。イランやパキスタンからの資金援助と兵器の提供がなければ、タリバンが20年にわたって抵抗運動を続けることができなかったというのは事実である。しかしそれは飲み水と酸素がなければタリバンは戦えなかった、というのと同じでほとんど意味がない。

2021年8月31日、タリバンがアフガン政権掌握後、首都で米軍撤退を祝う人々

たとえ事実であったとしても、イランやパキスタンからの資金援助は政府へのアメリカからの援助とは2桁違い、兵器が近代化されたといってもタリバンの軽火器と政府軍では雲泥の差があり、検閲によって次々と閉鎖に追い込まれるタリバンの広報と、国際的な反タリバンのプロパガンダを背景とし、国営のテレビ局、ラジオ局を有する政府とでは情報発信力も比較にならない。

問われるべきなのは、タリバンの資金力や兵力、軍備ではなく、なぜ圧倒的に劣った資金力、兵力、軍備にもかかわらず、また、世界最強の米軍の苛酷な掃討作戦と匪賊、夜盗上がりの腐敗した政府による残虐な弾圧と切り崩し工作もあったというのに、タリバンが戦い続ける士気

を維持し、その理念に共鳴する人々が占領軍と政府の諜報・治安機関に捕まる危険を犯してまでタリバンに協力するようになっていったのか、である。

それに答えるにはまず、「幼少時から同じ師につき寝食を共にし祈りつつ学ぶ修行を重ねてきた、南アジアのスンナ派イスラームの多数派であるデオバンド学派の同じ価値観と知識を共有し固い絆で結ばれた同門の兄弟弟子たち」という政府の役人や兵士たちにはないタリバンの特質を理解した上で、彼らの掲げる理想を知る必要がある。

しかし、それについては、本書の第Ⅱ部、彼ら自身の手になるタリバンの政治思想と組織の概説「イスラーム首長国とその成功を収めた行政」と「タリバンの思想の基礎」の翻訳に譲り、次章以下ではタリバンの勝利とアメリカの敗北の地政学的、文明論的意味を論じよう。

［第8章］

タリバンの勝利の地政学的意味

既述の通りタリバンは、パシュトゥーン人のデオバンド学派の神学校の卒業生を中核として組織され、そのエートスを行動原理とし、それは現在も変わらない。しかし2001年の政権崩壊以来、テロリストのレッテルを貼られながら国際的な包囲網の中で苛酷な弾圧を生き延びた20年の雌伏《しふく》を経て、世間知らずの若造の田舎僧兵「タリバン」は、海千山千の手練れの政僧「ウラマー」となった。2021年7月末のアメリカを中心とする外国占領軍の撤退以来、カブールへの無血入城まで、戦闘らしい戦闘は行われなかった。タリバンの勝利はなによりも外交的勝利であった。

もちろん、今回タリバンが外交的勝利をおさめるに至ったのには、カルザイ政権、ガニ政権を外国の傀儡とみなして交渉相手とせず、外国占領軍とその手先の支配の正当性を首尾一貫して決して認めない粘り強い軍事闘争があってこそである。しかしその一方でタリバンは着実に外交的努力でアフガニスタン政府の外堀を埋めていった。パシュトゥーン人が多数を占める南部だけでなく34州（11頁、【地図2】参照）の全てがほとんど戦闘なくタリバンの手に落ちたのは、タリバンが侵攻する前に、パシュトゥーン人だけでなく、地元のタジク人、ウズベク人、ハザラ人など他のエスニック集団にも目配りし、時間をかけて事前に地元の有力者たちを調略してきたからである。特記すべきは、カブール進攻前に、イラン、トルクメニスタン、ウズベキスタン、タジキスタン、中国との国境地帯を押さえ、アフガニスタン政府を国内に閉じ込めて関税収入を奪ったことである。特に重要なのは中国と国境を接するタジク人がマジョリティーであるバダフシャン州であるが、同志社大学の国際会議に派遣されたタリバン代表カーリー・ディーンムハンマド師（5頁、口絵【写真8・9】参照）もバダフシャン出身のタジク人であった。

国内的にタリバン政権時代には支持基盤が弱かった北部で地元の有力者を調略し、国境線を押さえると同時に、タリバンはカブール攻略に先立って、2001年時のようにアメリカの軍事介入が再びなされないように慎重に外交活動を行ってきた。最も重要な転機は、オバマ大統領（当時）が2011年にアフガニスタンから米軍を暫時撤退させる方針を発表し（※66）、タリバンとの交渉の場としてカタールにタリバンの公式代表部の開設を許可したことである（※67）。これによって筆者のような一民間人も逮捕される懸念なく、カタールに行くことでタリバンと会うことができるようになり、同志社大学へのタリバンの公式代表の招聘も可能になった。

タリバンはカタールの仲介でアメリカと単独和平交渉を続け、前述のように２０２０年2月29日トランプ政権の下でガニ政権抜きでの対米単独和平協定締結を実現させた。その一方でユーラシアからのアメリカの影響力の排除と国内のムスリム諸民族の独立運動への影響をコントロールするために、ソ連のアフガニスタン侵攻の失敗のトラウマを超えて、アフガニスタンとの関係の再構築を図ったのがロシアであった（※68）。

２０１６年12月27日、モスクワでアフガン問題に関してロシア、中国、パキスタンの３か国首脳会議が開催された（※69）。２０１８年11月にはロシアはアフガニスタン和平首脳

※66　西崎文子「転換点に立つオバマ外交」『国際問題』№６０９（２０１２年３月）26頁（https://www2.jiia.or.jp/kokusaimondai_archive/2010/2012-03_004.pdf）参照。

※67　Cf., David Roberts,"Why has the Taliban opened an office in Qatar?", *RUSI*, 2012/1/4（https://rusi.org/explore-our-research/publications/commentary/why-has-taliban-opened-office-qatar）.

※68　２０１４年のウクライナ危機でロシアはユーラシアのロシアの生存圏へのアメリカの介入への危機感を強めた。またロシアはアフガニスタンでの「ホラーサーン地方イスラーム国」に対抗させるためにタリバンに武器供与を始めたと言われる。Cf., David G. Lewis, "Return to Kabul? Russian Policy in Afghanistan", *George C. Marshall European Center for Security Studies*, No.60, 2020/6（https://www.marshallcenter.org/sites/default/files/files/2020-06/SecurityInsights_60_1.pdf）.

会議にタリバンを招待した。アフガニスタン政府は会議に参加しなかったが、ロシア主催の首脳会議に招待されたことは対米交渉におけるタリバンの立場を強化した（※70）。2019年にはモスクワでロシア外務省の後援の下にアフガニスタン対話集会が開催され、カタールのタリバン代表部からシャル・アッバースを団長とする10名のメンバーが招かれ、ガニ大統領はこれを非難して欠席したが、アフガニスタン国内からもカルザイ前大統領、ハニーフ・アトマル前国家安全保障担当大統領顧問らの要人が参加した（※71）。

こうしてイラン、パキスタン、中国というアフガニスタン周辺の地域大国との間でタリバンがテロ組織ではなくアフガニスタンの主要な政治勢力であるとのコンセンサスが作り上げられた後に、2021年3月18日、ロシアはアメリカとタリバンをモスクワに招き、米露中パによるアフガン和平会議を開催した（※72）。この会議は、タリバンの国際政治の表舞台への完全な返り咲きを告げるものであると同時に、米軍の撤退後にタリバンが復権したアフガニスタンが中露パキスタンの影響圏に入ることをアメリカが黙認することをも意味した。

2021年8月にはタリバンの代表団がモスクワを訪問し記者会見を開催しロシアと中央アジアのロシアの同盟国を脅かさないこと、アフガニスタン国内で活動する過激派組織

「イスラーム国」（ＩＳ）との戦いを継続することを約束し、タリバンのカブール攻略後、１００名以上の職員が働くロシア大使館はタリバンの警護をうけて通常業務を続けている（※73）。そして7月28日に中国がタリバンの政治委員会議長（外相）バラーダル師ら幹部一行を天津に招聘し、王毅外交部長（外相）が自ら公式会談を行った。外相が、ガニ政権ではなくタリバンを招聘し、アフガニスタン和平ではなく、二国間関係について会談をするのはきわめて異例であった。中国が他国に先駆けてタリバンを単独で公式に招聘したことは中国がタリバンを一帯一路構想（※74）実現のためのパートナーに選んだことを意味し、

※69　この頃からロシアは対アフガニスタン政策でイランに加えて新たにパキスタン、中国との関係を深めていくが、招待されなかったアフガニスタン政府とインドの不満をなだめるために、翌17年2月にはインドとアフガニスタン政府、4月には中央アジアに招待枠を増やした。脚注※68の前掲論文参照。

※70　米国のユーラシア地域研究者スティーブン・ブランクは、「ロシアの支援により、タリバンは革命的なプロパガンダを上演することができた」と述べている。脚注※68の前掲論文参照。

※71　脚注※68の前掲論文参照。

※72　Cf.,“U.S. joined by Russia, China, Pakistan in call for Afghan ceasefire”. *Reuters*, 2021/3/18（https://www.reuters.com/world/china/russia-hopes-progress-us-joins-afghan-peace-talks-moscow-2021-03-18/）.

※73　ヤナ・パシャエバ「ロシア、『ドラゴンをなだめる』対アフガニスタン戦略」『ニューズウィーク日本版』２０２１年9月3日（https://www.newsweekjapan.jp/amp/stories/world/2021/09/post-97040.php?page=1）参照。

※74　一帯一路構想（The Belt and Road Initiative）とは中華人民共和国が推進する同国からヨーロッパにかけての広域経済圏構想。習近平総書記が２０１４年11月10日に中国北京市で開催されたアジア太平洋経済協力（ＡＰＥＣ）首脳会議で提唱した。

そしてそれは親インドのガニ政権を見捨て（※75）、中国・パキスタン同盟に新たにタリバン政権を加えることで、一帯一路構想に対抗する日米豪印4か国戦略対話（クアッド）の中央アジア進出を挫折させることでもあった。

タリバンは、アメリカの衰退、中露の台頭という新しい状況の中で、地域大国であるのみならず国連常任理事国でもある中露を後ろ盾にすることで、欧米の軍事介入が困難な状況を作り上げた上で、カブールを攻略したのである。

9月2日、タリバンの報道官は『ラ・レプブリカ』紙のインタビューに対しアフガニスタンの経済復興において中国が主要パートナーになる、と答えている（※76）。

遠藤誉は、習近平が2016年1月にパキスタンにアフガン問題に関する4か国調整グループを作らせ、パキスタンを使いながらアフガン問題和平プロセスを「上海協力機構（S

※75　ただしタリバンの外務副大臣シェル・スタネクザイはインド陸軍士官学校、軍事アカデミー出身でインドとの関係が深く、インドとの政経パートナーシップの継続の希望を表明している。Cf., Prakriti Gupta, *op. cit.*

※76　『アルジャズィーラ』２０２１年９月２日（https://www.aljazeera.com/news/2021/9/2/afghanistan-taliban-to-rely-on-chinese-money-spokesperson-says）。また中国は約３１００億ドル相当の経済援助を約束している。Cf., Fan Anqi & Lin Xiaoyi, "China's pledge of $31m worth of food, supplies, vaccines to Afghanistan 'essential for anti-terrorism, poverty fight'" *Global Times*, 2021/9/8 (https://www.globaltimes.cn/page/202109/1233737.shtml).

2021年３月18日にロシアのモスクワで開催されたアフガニスタン和平会議に出席したカルザイ（一列目左端）とバラーダル師（一列目右から二人目）

2021年７月28日、中国の王毅外相とバラーダル師が天津で会談

中国の外相、王毅

CO)」へとシフトさせ、和平プロセス問題でロシアのプーチン大統領との連携を深めていった、と述べている(※77)。

　また2021年9月9日には国連アフガニスタン支援団(UNAMA)のライオンズ代表が国連安全保障理事会で「(アフガンの)経済・社会秩序は完全な崩壊の危機にある」とし、中露が主導する上海協力機構(SCO)など地域協力の枠組みに期待を示し、アフガンに対する人道支援で中露が鍵を握る構図を浮き彫りにしている(※78)。

　なお2001年に発足した上海協力機構の正規加盟国の領域は、当初は中国以外はロシアや中央アジアといったユーラシア経済共同体の国々のみだったが、インド・パキスタンの正規加盟に伴ってユーラシア大陸の5分の3に達し、加盟国の総人口は30億人を超える規模で世界人口の半分近くを占め、面積と人口では世界最大の地域協力組織となっている。

　しかし中国の後ろ盾がタリバンにとっていかに重要であっても、タリバンのアフガニスタンがやすやすと中国の軍門に降《くだ》ると考えるのは誤りである。王毅外相とバラーダル師の会談において、王毅が東トルキスタン・イスラーム運動（※79）をテロ組織と名指し絶縁を迫ったのに対してバラーダル師は直接には答えず、中国の支援に感謝し、国内のいかなる組織にも中国に危害を加えることを許さないとだけ述べた。これはビン・ラーディンの引き渡しを求められたタリバンがそれを拒否したのと同じであり、イスラーム法だけでなく、パシュトゥンワーリーによっても、タリバンは庇護を求めてアフガニスタンに逃げてきたウイグル人は、たとえ東トルキスタン・イスラーム運動のムジャーヒディーンであっても中国に引き渡すことはできない。そしてそれは相手が中国であってもアメリカであってもロシアであってもサウジアラビアであってもイランであっても変わらない。

実のところ、イスラーム復興現象が顕在化して以降、イスラーム運動の武装闘争が国家樹立に成功した例は、イランにおけるシーア派のイスラーム革命によるイスラーム共和国

※77　遠藤誉「タリバン勝利の裏に習近平のシナリオ――分岐点は2016年」『ニューズウィーク日本版』2021年9月6日（https://www.newsweekjapan.jp/amp/stories/world/2021/09/2016-15.php?page=3）参照。
※78　平田雄介「アフガン支援「中露の枠組みに期待」と国連代表」『産経新聞』2021年9月10日（https://www.sankei.com/article/20210910-LRR2GJXBBVPGJCVCVDESC356TE/）参照。
※79　政党「トルキスタン・イスラム党（TIP）」を母体とする中華人民共和国からの東トルキスタン（新疆ウイグル自治区）の分離独立運動。

樹立しか存在しない。妥協なきイスラームの統治の理念を掲げ、ロシア（ソ連）とアメリカ（欧米）の侵略に打ち勝つという軍事的、外交的成功により政権樹立を成し遂げたタリバンの声望が世界のスンナ派イスラーム主義運動の間で高まり、中国のウイグル人だけでなく世界各地のイスラーム主義「過激派」がアフガニスタンに亡命（ヒジュラ）してくる事態は容易に予想される。

亡命者がアフガニスタンの地から他国の軍事攻撃に出陣することを許さない、というタリバンの言明を疑う理由はない。イスラーム学の基準に照らして「神学生」に過ぎなかった1996―2001年の治世においてはアルカーイダのサラフィー・ジハード主義（※80）の理論家たちを抑えきれなかったが、20年にわたってデオバンド学派のイスラーム学の研鑽を重ね、政治の経験値を積んだ現在のタリバンには国家運営のレベルでアラブのジハード主義者につけこまれる余地はない。

しかし20年にわたる地下闘争で国内各地の潜伏場所を熟知しているタリバンといえども、「ホラーサーン地方イスラーム国（ISKP: Islamic State Khorasan Province）」（※81）などタリバンの支配の及ばない地はまだ残っており、武装闘争派の亡命者の行動を完全にコントロールすることはきわめて困難だと思われる。

また彼らが直接の武装闘争に関わることは禁じられても、母国や亡命先の同胞との商売や人道支援などを禁ずることはできない。それが時として当該国から「テロリスト支援」の嫌疑をかけられることになるのは避け難い。従ってこの問題についてはタリバン政権がたとえ国際的に承認された場合でも、将来にわたって中国、ロシア、欧米のみならず、ムスリム諸国との間にも火種がくすぶり続けることになるであろう。

事実、アフガニスタンのタリバンの急伸を受けて、2021年8月12日、中国の「一帯一路」政策の宣伝機関『シルクロード・ブリーフィング』は次のように報じていたが、9月17日SCO首脳会議でイランの正式加盟が決まった。「アフガニスタンでタリバンがイラン、タジキスタン、ウズベキスタンのすべての国境とトルクメニスタンとパキスタンの国境の一部を制圧し、地域の安全保障上の緊急事態が発生した。その解決にはイランの全

※80　スンナ派イスラーム学の伝統を否定し、ムスリムは「平信徒」でも啓典クルアーンと預言者ムハンマドを直接参照すべきだと主張する復古主義が「サラフィー主義者」。その中でも、ジハードの武装闘争によってその教えを広めるべきと考えるのが「過激派」。

※81　2015年1月にパキスタン・タリバン運動の地方司令官だった初代最高指導者のハフィズ・サイード・カーンらがISIL（イランとシリアのイスラーム国）に忠誠を誓い設立された。アフガニスタン東部からパキスタン国境付近にかけた地域で勢力を拡大した。同じ地域を拠点とするタリバンとは対立状態にあり、アメリカ合衆国のシンクタンクによれば2017年以降、両勢力との間で200回以上の交戦が生じたとされている。

面的な協力が必要であり、イランの正式加盟によって上海協力機構（SCO）の安全保障計画全体が大幅に強化され、タジキスタンとウズベキスタンへの情報提供や軍事支援も可能になる。そのためそれまでイランの正式加入に反対していたタジキスタンとウズベキスタンの反対をSCOが取り下げた。そのため、イランの加盟手続きが始まる」（※82）。

地政学的にユーラシアの通商路の要衝としてグレートゲームの舞台となったアフガニスタンは「帝国の墓場（Graveyard of Empires）」とも言われる。「グレートゲーム」とは19世紀から20世紀にかけての英露両国のアフガニスタン争奪戦を指すが、イギリスやロシアがアフガニスタンを征服できず、「帝国の墓場」と呼ばれたようにロシアの継承国家・ソ連は1978年にアフガニスタンへと侵攻したが、1989年には撤退を余儀なくされ、2年後の1991年に瓦解した。

アフガニスタン侵攻の失敗はソ連の崩壊の遠因とも言われる。またアメリカのアフガニスタン侵攻は20年に及び、アメリカ史上最も長い戦争となった。1兆ドルとも3兆ドルとも言われる莫大な戦費をかけながら、タリバンを打倒できず、9月の完全撤収を待たずして首都カブールへの無血入城を許すこととなった。タリバンの報復を恐れたアフガン人の米軍協力者たちがカブール空港に押し寄せ、米軍の輸送機に殺到し振り落とされる姿の動画は衛星放送やSNSでリアルタイムで世界に配信され、アメリカ人には1975年のベトナム戦争におけるサイゴン陥落の悪夢を思い起こさせた。

実のところバイデンのアフガニスタンからの撤兵はトランプ前大統領がタリバンとの間に結んだ和平協定の実行に過ぎず、さらに言えば、バイデンが副大統領を務めた民主党政権のオバマ元大統領による、中東から撤退し中国に対抗しアジアを重視する、との既定の政策方針の延長であり、アメリカ外交の優先事項の中東、中央アジアから東アジアへのシフトの帰結であった。

※82　Cf., "Iran To Finally Take Full Membership Of The Shanghai Cooperation Organisation", *Silk Road Briefing*, 2021/8/12(https://www.silkroadbriefing.com/news/2021/08/12/iran-to-finally-take-full-membership-of-the-shanghai-cooperation-organisation/). ただし、国内にイスラーム主義反体制運動「タジク・タリバン」とも呼ばれる「アンサールッラー」を抱えるタジキスタンが7月22日に国境線に軍と治安部隊25万人を派遣し警戒を強めているのに対し、地経学的理由からアフガニスタンの安定を望むウズベキスタンはタリバン政権との良好な関係を模索している。Cf., Ayjaz Wani, "Resurgent Taliban and its implications on Central Asia", *Observer Reseach Foundation*, 2021/9/9 (https://www.orfonline.org/expert-speak/resurgent-taliban-and-its-implications-on-central-asia/). イランに関してはハーメネイ最高指導者と保守派がアメリカとの対抗上タリバンと良好な関係維持を望んでいるのに対し、改革派はシーア派とタジク人を支援しタリバンを敵視している。Cf., "Afghan crisis exposes rifts across Iran's political spectrum", *Al-Monitor*, 2021/9/10 (https://www.al-monitor.com/originals/2021/09/afghan-crisis-exposes-rifts-across-irans-political-spectrum#ixzz76GIYesp3), Hanin Gaddar, "The Taliban controlling Afghanistan is a headache Iran can do without", *Alarabiya News*, 2021/9/14 (https://english.alarabiya.net/views/2021/09/14/The-Taliban-controlling-Afghanistan-is-a-headache-Iran-can-do-without-).

1989年２月15日、旧ソ連の最後の分遣隊がアフガニスタンから撤退

1975年４月30日、サイゴンに入城する北ベトナムの解放軍兵士と戦車。後方は大統領官邸

しかしこの数年の、中国の東シナ海、南シナ海における軍拡によって周辺諸国との緊張が高まり、２０２０年には国家安全法の制定によって中国の香港への介入、弾圧が強まっているという「中国化」が進んでいる東アジア情勢の中で、慌ただしく行われた米軍のアフガニスタン撤退の混乱は、アメリカの「敗走」を世界に印象付けたのみならず、アメリカは同盟国を助けずに見捨てるとの憶測を生むことで、アジアの同盟国のアメリカに対する信頼性を大きく揺るがすことになった（※83）。

機に乗じた中国はいちはやく16日付の『環球時報』で米軍のアフガニスタン撤退を取り上げ、アフガニスタンは中国、ロシア、イランという米国の「三大地政学的ライバル」に近いために反米イデオロギーの拠点となっており、それゆえその地政学的価値は「台湾のそれに劣らない」と強調。ひとたび台湾海峡で本格的な戦争が勃発すればアフガニスタンで起きたように台湾軍は瓦解し、米国の援軍は来ず台湾はすぐに降伏し、政権の高官は飛行機で逃亡するにちがいないと述べ、「米国に頼って中国大陸に対抗する路線」を大幅に

※83　アフガニスタン政府が武装組織タリバンによりあっという間に崩壊すると、中国から軍事的脅威を受けている台湾では「米国を信じてもいいのか」をめぐり激論が広がった。「アフガン米軍撤退の後遺症…台湾で『米国信じられるのか』激論」『中央日報日本語版』２０２１年8月17日（https://japanese.joins.com/JArticle/281988）。

軌道修正するように台湾に圧力をかけている（※84）。

こうしてアフガニスタンからの米軍の撤退と2021年8月15日のタリバンのカブール入城はアメリカの世紀の終焉と、新しい覇権国としての中国の台頭を象徴する出来事となった。しかしアメリカに替わって中国が覇権国となったことは、中国がイスラームの新たな標的になることも意味する。

アブドゥル・バシトとラファエロ・パンツッチによると、中国とパキスタンは友好関係にあり戦略的なパートナーでもあるが、パキスタンで発生する中国人や中国の投資案件を狙ったテロが突出して多く急増している事態は、米軍のアフガニスタン撤退によって中国を敵視する武装勢力が勢いづいてきた証拠である。

ミャンマー系のイスラーム学者アブーザル・ブルミーが2015年以降の米軍のアフガニスタン撤退後に、中国が新たな植民地主義勢力として台頭すると警告してきたが、支持者向けの声明の中で「アフガニスタンではタリバンが勝利した。次なる標的は中国になる」と述べている（※85）。アフガニスタンはアメリカと中国の覇権争いの最前線となったのである。

［第9章］

タリバン暫定政権の成立

２０２１年9月6日、タリバンが旧北部同盟の最後の残党が立て籠もるパンジシール州の州都バザラックを陥落させて、アフガニスタン全土制圧を宣言し、7日に満を持して最高指導者ハイバトゥッラー・アフンザダの下の33名の暫定政府閣僚名簿を発表した。

この名簿によると主要閣僚は１９９６—２００１年の旧タリバン政権からの古参メンバーであり、政府の構成も全国制覇以前のイスラーム首長国のそれを引き継いだものである。そこでイスラーム国の発表と、ニュース記事などに基づき新政府の構成と主要閣僚の

※84　バイデンは台湾はアフガニスタンとは根本的に違い、中国の侵略には「対応する（respond）」と火消しに努めている。しかし、１９７９年制定の現行の台湾関係法では、「米国は台湾が十分な自衛能力を維持するために必要な量の防衛品および防衛サービスを台湾に提供する」という条項は盛り込まれているが、米国が防衛する義務は定められておらず、『ロイター』はバイデンの発言が失言であると示唆している。Cf., Keoni Everington, "Biden pledges US will 'respond' if China invades Taiwan", *Taiwan News*, 2021/08/20(https://www.taiwannews.com.tw/en/news/4273349).

※85　アブドゥル・バシト、ラファエロ・パンツッチ「新たな超大国・中国が、アメリカに変わるテロ組織の憎悪の標的に」『ニューズウィーク日本版』２０２１年９月９日（https://www.newsweekjapan.jp/stories/world/2021/09/post-97065.php）。

プロフィールを紹介しよう（※86）。

暫定内閣の組織構成は以下の通りである。

首相：ムハンマド・ハサン・アーホンド師
副首相：アブドゥルガニー・バラーダル師
副首相：アブドゥッサラーム・ハナフィー師
国防大臣：ムハンマド・ヤアクーブ師
内務大臣：スィラージュッディーン・ハッカーニー師
外務大臣：アミールッディーン・ムッタキー師
財務大臣：ヒダーヤトゥッラー・バドリー師
教育大臣：ヌールッラー・ムニール師
情報文化大臣：ハイルッラー・ハイルハワー師
経済大臣：カーリー・ディーンムハンマド師
巡礼寄進大臣：ヌール・ムハンマド・サーキブ師
法務大臣：アブドゥルハキーム・ハッカーニー師

国境部族大臣ヌールッラー・ヌーリー師
開発大臣：ムハンマド・ユーヌス師
宣教善導勧善懲悪大臣：ムハンマド・ハーリド師
公共労働大臣：アブドゥルマンナーン・ウマリー師
鉱物・石油大臣：ムハンマド・イーサー・アーホンド師
水力発電大臣：アブドゥッラティーフ・マンスール師
民間航空運輸大臣：ハミードゥッラー・アーホンドザダ師
高等教育大臣：アブドゥルバーキー・ハッカーニー師
通信大臣：ナジーブッラー・ハッカーニー師
難民大臣：ハリールッラフマーン・ハッカーニー
諜報局長官：アブドルハック・ワスィーク師

※86　Cf., Abdul Sayed, "How Are the Taliban Organized?", *VOA* (*Voice of America*) ,2021/9/5 (https://www.voanews.com/us-afghanistan-troop-withdrawal/how-are-taliban-organized?amp&_twitter_impression=true), "Who are the Taliban's key leaders in Afghanistan?", Alzazeera, 2021/8/12 (https://www.aljazeera.com/news/2021/8/12/who-are-talibans-key-leaders-in-afghanistan).

中央銀行頭取：ムハンマド・イドリース
行政長官：アフマド・ジャーン・アフマディー師
国防副大臣：ムハンマド・ファーディル・マズルーム師
参謀長官：ファスィーフッディーン師
外務副大臣：シール・ムハンマド・アッバース・スタネクザイ
内務副大臣：ヌール・ジャラール師
情報文化副大臣：ザビーフッラー・ムジャーヒド
課報局第一副長官：タージュ・ミール・ジャワード師
課報局事務次官：ラフマトゥッラー・ナジーブ師
麻薬対策担当内務副大臣：アブドゥルハック・アーホンド師

なお、リストにはムッラー、マウラウィー、カーリー、シャイフなどのマドラサ（神学校）出身のイスラーム学者であることを示す称号が記されているが省略した。マドラサ出身でないのはハリールッラフマーン・ハッカーニー難民大臣、ムハンマド・イドリース中央銀行頭取、シール・ムハンマド・アッバース・スタネクザイ外務副大臣、ザビーフッラー・

ハイバトゥッラー・アフンザダ

ムジャーヒド情報文化副大臣だけである。
要人のプロフィールは以下の通りである。

1. ハイバトゥッラー・アフンザダ師

60歳前後のイスラム法学者であるアフンザダ師は、「信徒たちの長」として知られ、タリバンの政治、宗教、軍事に関する最終的な権限を持つ最高指導者であり、前任者のアクタル・マンスール師が2016年にアフガニスタンとパキスタンの国境付近で米国の無人機攻撃により死亡した際に後継者に選ばれた。2016年5月に突然姿を消すまでの15年間、アフンザダはパキスタン南西部の町クチュラクのモスクで教え、説教をしていたと言われる。

2. ムハンマド・ハサン・アーホンド師

アーホンド師は60代後半で、旧政権で外務大臣、副首相を務めており、アフンザダ師の信任が厚く政権崩壊後のタリバンの最高意思決定機関であるクエッタ・シューラーとして知られるラフバリ・シューラー（指導者会議）の指導者であった。国連制裁リストの対象でもある。イスラーム学に関する数冊の著作があると言われる（※87）。

3. ムハンマド・ヤアクーブ師

タリバンの創始者であるムッラー・ウマル師の息子で30代前半と言われる。タリバンの軍事部門を統括しており、最高指導者の後継者争いの中で候補となってきたが、マンスール師の後継者が選ばれた会議に出席したタリバン司令官によると、彼はまだ自分が若すぎ、戦場での経験が不足していると感じていたため身を退いてアフンザダ師を立てたと言われている。アフガニスタンの34の州のうち南部14州を統括していると言われる。

4. スィラージュッディーン・ハッカーニー師

ムジャーヒディーンの著名な司令官であるジャラールッディーン・ハッカーニー師の息子であるスィラージュッディーン師は40代後半から50代前半。パシュトゥーン人の主流のドゥッラーニー族ではなくカルラーニー族に属し、パキスタンとアフガニスタンの国境を越えてタリバンの金融・軍事資産を管理運営する緩やかな組織ハッカーニー・ネットワークを率いており、南東部20州を統括している。

首相のアーホンド師や副首相のバラーダル師がパシュトゥーン人の中でも主流派とみなされるドゥッラーニ族出身なのに対して、ハッカーニーはカルラーニー（Karlani）族で、主流派への反感が強いとみられる。

スィラージュッディーン師は、アフガニスタンに自爆テロを持ち込み、カブールの最高級ホテルへの襲撃、ハミド・カルザイ大統領（当時）の暗殺未遂、インド大使館への自爆テロなど、アフガニスタンで注目を集めたいくつかの攻撃の責任者であったとも言われており、国連制裁リストの対象であり、米FBIの指名手配犯でもある。

※87　青木健太は首相選出について言う。「最も注目すべきは、これまで表立って活躍してこなかったムッラー・ムハンマド・ハサン・アーホンドが首相代行に任命されたことであろう。伝統的にジルガやシューラーなどでの合議制で物事を決めるアフガニスタン社会では、権力争いが発生した際に、あえて当事者以外の力の弱い人物を神輿の上に担ぐことで当事者双方の顔を立てる紛争解決手法が取られてきた。１９９２年４月のムジャーヒディーン連立政権樹立時、ラッバーニー・イスラーム協会指導者とヘクマティヤール・イスラーム党指導者の衝突を避けるため、ムジャディディ民族解放戦線指導者が暫定首班として擁立され緊張緩和が図られたことはその一例だ。今回も、事前予測では、バラーダル副指導者兼政治局長、シラージュッディン・ハッカーニー副指導者、あるいは、ヤクーブ副指導者兼軍事委員長が有力視されていた。タリバン指導部内では、誰の顔を立てるか難しい選択を迫られる中で、いかなる人物の面子も潰さない形で利害調整が図られたと見るべきだ。パキスタンのハミード軍統合情報局長（ＩＳＩ）のカーブル訪問を、これと関連づける向きもある」。青木健太「アフガニスタン：ターリバーンが暫定内閣を発表」『中東調査会中東かわら版№58』（https://www.meij.or.jp/kawara/2021_058.html）。

5. アブドゥルガニー・バラーダル師

タリバンの共同創設者の一人であり、ムッラー・ウマルの最も信頼できる司令官の一人だったとされるバラーダル師は、2010年にパキスタン南部の都市カラチで治安部隊に捕らえられ、2018年に釈放されて以来、ドーハにあるタリバンの交渉チームの一員として、アフガニスタンの停戦と、より恒久平和への道を切り開くための政治交渉を取り仕切ってきた。

6. シェル・ムハンマド・アッバース・スタネクザイ（※88）

アメリカ軍の侵攻によって崩壊させられた旧タリバン政権の元副大臣であるスタネクザイは、10年近くドーハに在住し、2015年に同グループの現地政治事務所の責任者となった。アフガニスタン政府との交渉にも参加し、タリバンを代表して複数の国に外交訪問したこともある。

7. アブドゥルハキーム・ハッカーニー師

タリバンの交渉チームの責任者。強力なイスラーム学者（ウラマー）評議会を率いており、故ウマル師、息子のヤアクーブ師などタリバン幹部のイスラーム学上の師であり、１９９４年にタリバンが創設されて以来、タリバンの重要な宗教的判決を下してきた「影の主席判事」であった。現最高指導者アフンザダから最も信頼されており、タリバン内で彼に次ぐ影響力があるとも言われる（※89）。

20年にわたってタリバンを敵に仕立て上げることで、アフガニスタンの伝統社会を周縁化し、抑圧し、アフガニスタン復興支援利権に群がってアフガニスタンを破綻国家化させ、

※88　シェル・スタネクザイについては１０４頁の脚注※75を参照。

※89　Cf., Abdul Sayed, "How Are the Taliban Organized?", *VOA*（*Voice of America*）, 2021/9/5（https://www.voanews.com/us-afghanistan-troop-withdrawal/how-are-taliban-organized?amp&_twitter_impression=true）. 六辻彰二「アフガニスタン暫定政権のキーパーソン――タリバンは何が変わったのか」『ニューズウィーク日本版』２０２１年９月９日（https://www.newsweekjapan.jp/mutsuji/2021/09/post-122.php）。ハッカーニー・ネットワークをパキスタンのＩＳＩに支援された「テロ」集団として描くバイアスがかかった典型的分析としては、Praveen Swami, "Jalaluddin Haqqani, 1939-2018: The grandfather of global jihad who unleashed a reign of terror to 'rescue defenceless Muslims'", *Firstpost*, 2018/9/4（https://www.firstpost.com/world/jalaluddin-haqqani-1939-2018-the-grandfather-of-global-jihad-who-unleashed-a-reign-of-terror-to-rescue-defenceless-muslims-5112481.html）が詳しい。ただし、ハッカーニー・ネットワークの前身の形成をアマーヌッラー・ハーン国王の近代化路線に対する１９２４年と１９２８年のカルラーニー族の反乱にまで跡付けているのは、タリバンの復権の歴史的文脈を知る上で有益である。

タリバンの台頭を招いたアメリカの軍産学複合体と、それに追随してきたアフガニスタン国内外のメディアは、「女性閣僚がいない」「少数民族の代表がいない」などと批判的論調が支配的である(※90)。

2001年末にアフガニスタンを軍事占領したアメリカが押し付けたカルザイ暫定政権でさえ、女性閣僚はお飾りの女性問題担当シーマ・サマル副大統領一人だけだった。また、少数民族の代表として夜盗、匪賊に堕していた北部同盟の軍閥の首領たちを入れたことで破綻国家化を招いた。そのため、国内の治安の維持が最優先される暫定政権に対する評価としては不適切である。

そうした中では、「世界中どの国をみても、軍事力で権力を奪取した者が、敗北した側やそれに連なる者を率先して新体制に迎えた歴史はほぼない。——中略——その意味では、今回の暫定政権の陣容は不思議ではない。——中略——『結局タリバンは変わっていない』というのが西側の論調の大半を占めているようにみえる。とはいえ、いきなり全てが変化することを期待する方が非現実的だ。むしろ、『タリバンが変わっていない』というより、『変わろうとする勢力とそれに反発する勢力が拮抗しているのが今のタリバン』と見た方がよいだろう。どんな国や組織であれ、革新派も守旧派もいる。その意味では、タリバンも当

ホメイニ師

たり前の人間集団と変わらないのであり、その行方を見定めることが各国には求められるのである」との『ニューズウィーク日本版』の六辻彰二の評価が最も中庸を得たものと言えよう（※91）。

アフガン人のコメントで唯一興味を引くのはアフガニスタンのジャーナリストであるシャリーフ・サフィーのものだ。「タリバンはその内閣でマドラサ（神学校）を運営するつもりか、それとも国を運営するつもりなのか」とのツイートである（※92）。実は、これはすでにイラン革命についても言われたことであった。当時マドラサの人類学的研究をしていたアメリカの人類学者マイケル・フィッシャーは『イラン――宗教的討論から革

※90　暫定内閣の民族、部族構成、出身地、内部対立については、青木健太「アフガン「タリバン政権」が内部に抱える「路線対立」「部族間対立」」『フォーサイト』２０２１年９月18日（https://www.fsight.jp/articles/-48270), Ali M Latifi "How deep are divisions among the Taliban?", Al Jazeera,2021/9/23(https://www.aljazeera.com/news/2021/9/23/how-deep-are-divisions-among-the-taliban?sf151603992=1)が詳しい。

※91　六辻前掲論文「アフガニスタン暫定政権のキーパーソン」参照。

※92　Cf., https://twitter.com/SharifSafi_/status/1435393374664761346?s=20.

命へ』(※93)の中で、イランのマドラサは社会の縮図であり、ホメイニ師たちはそのマドラサのネットワークを通じて革命を成功させた、と述べ、イラン・イスラーム共和国体制がマドラサの教師のモデルで国家を運営しているとする研究パラダイムに先鞭をつけた。

もちろん、これらの研究が明らかにしている通り、イランのマドラサ・モデルがイラン・イスラーム革命とその後のイスラーム共和国運営に適用可能だったのは、フムス(五分の一税)の管理権が国家ではなくイスラーム法学者に属する、全ての「平信徒」はイスラーム法学者の本判断に服従する義務がある、とのスンナ派にはない特殊なシーア派的教義、伝統によるところが大きい。またイラン革命では革命後の内戦でウラマー(イスラーム神学者)は銃を取ることになったが、彼らには革命前は武装闘争の経験はなかった。それは1996―2001年の旧タリバン政権については当てはまったとしても、20年間の反米・反政府闘争の末に復権した新生タリバン政権には当てはまらない。しかし学問の師弟の階層構造とネットワークが、中央政府が弱く地方分権的な国内だけでなく、海外にまで広がっている(※94)、という点で、革命後40年を経たイランの「法学者の統治(velāyat-e faqīh)」体制を形成した「マドラサ・モデル」は今後のタリバン政権の将来を考える上で示唆的である。

[第10章]
文明の再編とタリバン

19世紀はヨーロッパの世紀、20世紀は二度にわたる世界大戦によるヨーロッパの自滅とアメリカの世紀であった。そして私見によると21世紀は非西欧文明と帝国の再編の世紀となる。この構図の中でアフガニスタンにおけるタリバンの復権はどのように位置づけられるであろうか。

アフガニスタンは「帝国の墓場」とも呼ばれるユーラシアの地政学的要衝である。アフガニスタンに侵攻した20世紀の2つの超大国のうちソ連は1989年に敗退し、1991年には崩壊した。残された唯一の超大国アメリカもまた、20年に及び多くの人命と莫大な

※93 Michael M. J. Fischer, *Iran - Religious Dispute to Revolution*, Harvard University press, 1980.

※94 アフガニスタンとイランでは前近代から中央集権的官僚制が確立していたオスマン帝国、トルコと比べて、歴史的に中央集権的官僚制度の伝統が発展していなかった。またイラン・シーア派の伝統において、イラクのナジャフ、カルバラー、アフガニスタンのデオバンド学派においても、パキスタンのペシャワール、クエッタに亡命してイスラーム学徒、学者として暮らすことができる後背地があることはマドラサ・モデルにとって極めて重要である。

戦費を失った末、2021年にタリバンに首都を明け渡し、撤退を余儀なくされた。

しかしアフガニスタンにはもう一つの顔がある。1996年にアメリカの政治学者S・ハンチントンが唱えた「文明の衝突」は21世紀になって現実のものとなったが、アフガニスタンはイスラーム文明と中華文明のフォルトライン（断層線）なのである。意外にもイスラーム文明と中華文明の本格的な軍事衝突は史上ただ一度しか起きていない。751年にアッバース朝（750―1517年）と唐（618―907年）が中央アジアの支配をめぐって争った「タラス河畔の戦い」である。この戦いでアッバース朝が勝利し、以後中央アジアはイスラーム帝国の版図となり、チュルク系、ペルシャ系などの住民のイスラーム化が進んでいく。アフガニスタンはこの時代のアッバース朝イスラーム帝国の東の端に位置し、それ以降、アフガニスタンはイスラーム文明と中華文明のフォルトラインであり続け、現在のアフガニスタンもバダフシャン州で中国と国境を接している（※95）。

サミュエル・フィリップス・ハンチントン

アフガニスタンはイスラーム帝国の辺境ではあるが、旧名ホラーサーン（※96）に関しては、現代のタリバンや「ホラーサーン地方イスラーム国」の支持者たちの間でもよく知られた「ホラーサーンの方角から黒旗が現れたらそこに行け。そこには正しく導かれたカリフがいる」との預言者ムハンマドのハディースが伝えられており、歴史的にもアッバース朝革命の舞台になっている（※97）。

同時に中央アジアからインドへの通路であるアフガニスタンはその中央にインド亜大陸の地理的境界線である険しいヒンズークシ山脈が走る中央アジアのイスラーム文明圏とインド文明圏とのフォルトラインであり、中央アジアのフェルガナ盆地に生まれたバーブル（1530年没）はカブールに移住して小王国を樹立し、そこからインドに遠征し華麗なインド・イスラーム文化が花開くインド史上最大の王朝ムガール帝国（1526―1858年）

※95　アッバース朝のカブール支配の確立は811年となる。Cf., Norhayati Haji Hamzah, "The Government of Khurasan Under Harun al-Rahid, vol.13, *A Concise History of Afghanistan*, vol.14, Hamid Wahed Alikuzai USA, 2013, p.173.

※96　歴史的にホラーサーンとは現在のイラン東部、アフガニスタン北西部あたりを指し、アフガニスタンではヘラートが中心都市であった。

※97　歴史学者の間では、このハディースはアブー・ムスリム（755年没）が指導しホラーサーンで蜂起したアッバース朝革命運動を示唆していると考えられている。

を建国したのである。インド文明圏とのフォルトラインとしてのアフガニスタンはインドのムガール帝国の故地でもあり、現在のパキスタンを含むインド亜大陸とは地政学的にも歴史的にも極めて深い関係を有するのである。

ヨーロッパの世紀、アメリカの世紀が終わり、非西欧文明圏が新たな帝国として再編されつつある21世紀、中華文明圏、東欧正教文明圏はそれぞれ中国、ロシアを中核国家としながら新たな帝国として復活を遂げつつある。

地政学的要衝「帝国の墓場」、イスラーム文明と中華文明、インド文明のフォルトライン、インド・イスラーム文明の故地でもあるアフガニスタンは、黒旗を掲げた正義のカリフの出現が待望される地でもある。衰退しつつある超大国アメリカと20年にわたって戦い抜き、ついには単独講和を結び、新たな覇権国中国からは真っ先に承認を取り付けたウラマー（イスラーム学者）が指導するスンナ派イスラーム主義政治運動として初めての成功例であるタリバンは、帝国の再編の時代となる21世紀に、このアフガニスタンの地においてイスラーム帝国の復興の牽引車となり、イスラーム文明が西欧文明、中華文明、インド文明、東欧ロシア文明と対峙するフォルトラインとして、地政学的・文明論的緩衝地帯となることができるのか。行く手は険しくとも主の導きと加護を祈りたい。

第Ⅱ部

タリバンの組織と政治思想

[第1章]

翻訳解説

２００９―２０１０年にアフガニスタン・イスラーム首長国（タリバン）公式サイトのアラビア語版に「タリバンの思想の基礎（１－５）」と「イスラーム首長国とその成功を収めた行政」という２つの論文が掲載された。タリバンについては内部資料が乏しく、これまで研究が立ち遅れていた。上記の二論文はタリバンが思想と組織についての自己理解を体系的に語った貴重な文書であり、タリバンの理解、ひいてはタリバンとの和平のための必須の資料であったため、筆者はこれを邦訳し「タリバンの政治思想と組織」と題し、『同志社大学グローバル・スタディーズ』（同志社大学グローバル・スタディーズ学会編）第１号に掲載し、同志社大学アフガニスタン・平和・開発研究センターのホームページ上で公開した。

しかし同センターの閉鎖に伴い、現在ではこの資料の翻訳も同志社大学のウェブサイトから削除されている。ところが、この資料の重要性にも拘わらず、管見の限り、本邦のみならず欧米においても、これらの一次資料に基づいたタリバンの内在的な研究は現れておらず、メディアには誤解に基づく誹謗中傷記事が溢れている。

　そこでタリバンがカブールに無血入城し、アフガニスタンの未来の国づくりを主導する状況が生まれたため、これらの資料の全訳に改めて解説を付し本書に再録することは、タリバンの行動を正しく理解し、アフガニスタンの将来を見通す上で大きな意義を有すると著者は信じている。

アフガンスクールを訪問した筆者

　たとえば、すでに２０１４年の時点で『ウォール・ストリート・ジャーナル（ＷＳＪ）』日本語版（２０１４年１月１７日）は、元タリバン外相ムタワッキル師（３頁、口絵【写真４】、及び６頁、口絵【写真１０、１１】参照）が運営するアフガン学校の女子教育について報道しながら、次のような記事

を載せている。「タリバン指導部は、米国主導の多国籍軍が今年12月に撤退したあと再び権力を掌握しようとしており、過去2、3年間、公のイメージを柔軟にしようと努めてきた。タリバンは公式声明で、少女たちがイスラム主義環境の中で教えられている限り、女性教育を支持すると述べている」と、あたかも女子教育を禁じていたタリバンが今になって人気取りのために変節して女学校を認めたかのような内容である。

しかし、事実は全く違っており、「タリバンの思想の基礎」第4講の「10・女性問題に関する聖法に則った見解」に明らかなように、女子であれ男子であれイスラーム教育は義務であり、タリバンが女子教育を禁ずるはずがない。実際、タリバン（イスラーム首長国）の統治下でも最高学府のカブール大学でさえ女子教育は禁じられていなかったのである。

ただしタリバンの統治下で、女子生徒がいる学校が閉鎖されたり、女子生徒が学校に行けなくなったり、あるいは女子生徒が通う学校の建設が許可されなかったりしたことがあったとしても、それは、タリバンが女子教育を禁じているからではない。そうではなく、それらの学校の運営や教育内容がイスラームに反していたり、世界の最貧困国の一つであった当時のタリバン政権下では、優先順位が低い女子教育に割くだけの予算がなかったからなのである。たとえば日本においても、法の定める設置基準を満たさない学校の設立

2021年9月6日、マザリシャリフでデモを行ったタリバン支持の女性たち

2021年9月7日、カブールの私立大学。男性と女性を分けるカーテンで二股に分かれて講義が行われた

が認可されず、また財政難から行政の学校設立計画の予算が通らなかった場合に、「日本は学問を禁じている」と言うのが不適切であるのと同様に、「タリバンが女子教育を禁じている」と言うのも誤りなのである。しかし残念ながら、それから7年を経てタリバンがカブールに入城し政権に復帰した今2021年8月現在も、欧米や日本のメディアは「タリバンは女子教育を禁じている」といった昔ながらの誹謗中傷を続けている。

そして、WSJがムタワッキル師が運営するアフガン学校について「男子と女子は厳密に区別される。彼らは別個の建物に通い、そこでは教師たちも男女別に峻別される。――中略――政府が設定するカリキュラムに加えて、学校では職業訓練コースも提供している。少女には調理と裁縫を教え、少年には電気工としての訓練を施している。――中略――注目されるのは、これがアフガン政府とタリバンがともに承認するモデルであるということだ。アフガン教育省は現在、このアフガン学校をカブールで最良の学校にランク付けしている」と正しく記述している通り、タリバンが女子教育を禁じていない、ということは、タリバンが欧米流の男女平等、男女同権を認めている、ということではない。男女は別学であり、男女の役割が違うのは、当然である。そしてそれはタリバンのみの特殊な見解ではなく、カルザイ政権を含むアフガン国民の大多数が認めるイスラーム理解に過ぎないのである。

タリバンの思想、女性観を正しく理解すれば、アフガニスタンにおける女子教育を妨げている真の原因は、タリバンではなく、むしろ、タリバンが女子教育を妨げているとの誹謗中傷のプロパガンダを流し、アフガニスタンのイスラーム的価値観を破壊する男女平等同権思想を広めるために学校教育を利用しようとする欧化主義の国際組織、NGOであることが分かる。つまりそうした彼らの活動が、学校教育が反イスラーム的である、とのイメージを敬虔なアフガン国民の父兄に植え付け、女子を学校から遠ざけているのである。アフガニスタンの女子教育の健全な発展は、欧米の価値観を押しつけることなく、アフガン国民、特に教育の立ち後れた地方の農村部で信頼の篤いタリバンを支援し、その「アフガン学校」の女子教育モデルに則る教育を普及させることによって実現されるのである。そして「タリバンの思想の基礎（1－5）」と「イスラーム首長国とその成功を収めた行政」は、タリバンの思想と行動を理解するための最良の手引きであり、またそれゆえアフガニスタンの現状を知り、将来を考えるための不可欠な資料でもある。

タリバン運動は、旧ソ連の占領軍を撃退したムジャーヒディーンの軍閥間の内戦に対して立ち上がったマドラサ（イスラーム学校）の学生たち（タリバン）の世直し運動として始まった。しかし彼らの閉鎖的な振る舞いもあり、その支配当時から彼らの政治思想は謎に包まれており、政権崩壊後、運動が地下に潜伏するとますますその実態は不明になり、西側・反タリバン側の反タリバン・プロパガンダの色眼鏡を通して以外に、彼らの政治思想を知ることが事実上不可能な状況が続いていた。

しかし2010年頃から、タリバン運動の広報は急速に洗練の度を増し、西側メディアさえ彼らが米国を凌駕しつつあることを認めざるを得ない状況が生じた。タリバンは、ペルシャ（ダリー）語、パシュトゥ語、英語、アラビア語、ウルドゥー語の5か国語で、毎日のアフガニスタン国内での戦況報告を中心に、イスラーム首長国（以下「首長国」と略す）の公式声明や論説などを掲載する公式サイトを運営している。

この首長国公式サイトは、タリバン運動の現状を知る上で必須の貴重な情報源であるが、戦況報告や声明文など、分かりやすく短い記事がほとんどであり、タリバンのイデオロギーを包括的に論ずるような長文の論文は全くといっていいほどみられない。

ところが同サイトのアラビア語版だけに、2009年から2010年にかけて5回にわたって「タリバンの思想の基礎」と題された長文の論考が掲載された。「タリバンの思想の基礎」はパキスタンで発行されているタリバン系アラビア語雑誌『アル＝スムード（抵抗）』

からの転載であり、アラビア語が原文であるが、首長国公式サイトの記事のほとんどが5か国語で同時に発表されていることを考えると、かなり特殊な性格を持つ論文と思われる。

アブドルワッハーブ・アル＝カーブリー（'Abd Al-Wahhāb Al-Kābulī）の署名があることから、著者はカブール出身のアフガン人である。そのアラビア語は、著者が現代のイスラーム主義反体制武装闘争派の言説に知悉していることを示しているが、なお「Hukūmah」の語の用法などにペルシャ語の影響が見られ（現代アラビア語では「国家」でなく「政府」）、アラブ人の偽名ではないかとも思われる。

「タリバンの思想の基礎」は第1、2講においては、（1）「タリバン運動の指導部とその創設者たちのイスラーム理解」、（2）「思想、行状、政治、制度における西欧文明の生んだ退廃による思想と知性の汚染の不在」、（3）「国際秩序、国連、その法令、決議等と称されるものに裁定を求めないこと」、（4）「アッラーの宗教のみに忠誠を捧げ、虚偽の徒との取引を拒絶すること」、（5）「領主と世俗主義者の指導部からの追放と学者と宗教者の指導部によるその代替」、（6）「民主主義を現代の無明の宗教とみなし信仰しないこと」、（7）「一致団結と無明の民族主義の拒絶」、の7原則が論じられ、第3講では章立てがなく、第4講で（10）「女性問題に関する聖法に則った見解」、第5講で（11）「ジハードとその装備」、が論じられている。おそらく第3講の8章9章にあたるものは（8）「純イスラーム的方法に基づくイスラームの実践」、及び（9）「政治的制度的行動の方法における西洋への門戸の閉鎖」と思われる。

この章立て、特に10章「女性問題に関する聖法に則った見解」、11章「ジハードとその装備」の存在から、本論文がタリバンのイスラーム学的思想基盤の内在論理を明らかにすると共に、タリバン運動の外部の人間に対して「女性を抑圧し、異教徒に見境なくジハードを仕掛ける好戦主義者」とのタリバン運動への誤解を解くとの目的をもって書かれていることが窺われる（ただしアラビア語のみで書かれていることから、想定されている「外部の読者」は異教徒ではなく、「穏健派」と呼ばれるムスリム知識人であろう）。

これらの章立ての「西欧文明の生んだ退廃による思想と知性の汚染の不在」「政治的制度的行動の方法における西洋への門戸の閉鎖」といった文言から明白なように、タリバンの立場は、宗教学の他宗教理解の類型論である（1）排他主義、（2）包括主義、（3）優越的置換主義、（4）多元主義、を適用するなら、排他主義であり、しかもいかなる妥協もしないことを強調しながら公言しており、排他主義強硬派と呼べよう。その一方で、タリバンは、女性の教育を奨励し女学校も認めていること、西欧の科学や技術を学んだ者の国政への参加を拒否するわけではないこと、アフガニスタン国外にいかなる領土的野心もなく、あらゆる国と共存する用意があることも表明している。

それゆえこの「タリバンの思想の基礎」は、タリバンにとってどこまでが柔軟に対応できる「政治的」領域、どこからが譲れない「原則」であるのか、を知る格好の資料ともなっている。

章立てからも明らかなように、タリバンにとって、天啓のシャリーア（聖法＝イスラーム法）以外のものを従うべき権威（＝法）とすること（tahkīm, ihtikām ilā ghair mā anzala Allāh）は、単なる罪ではなく、唯一神崇拝（タウヒード）の根本教義に背く不信仰（kufr）、多神崇拝（shirk）である。これは思想史的にはイブン・タイミーヤ（1328年没）が唱えた理論であり、ワッハーブ派運動を介して、元サウジアラビア王国ムフティー（イスラーム教義最諮問官）ムハンマド・ブン・イブラーヒーム・アール＝シャイフ（1969／70年没）によって現代の人定法体制一般を不信仰と断ずる政治理論として再定式化されたもので、ナショナリズムを現代のジャーヒリーヤ（無明）と呼ぶサイイド・クトゥブ（1966年没）のジャーヒリーヤ論と共に、現代のスンナ派イスラーム主義武装闘争派の理論的支柱である。言葉遣いからも、この著者がスンナ派イスラーム主義武装闘争派ネットワークの内部の人間であることは明らかである。

しかし、スンナ派イスラーム主義武装闘争派の中ではタリバンはむしろ「穏健派」に属する。イスラーム主義武装闘争派の中での「穏健派」と「過激派」のメルクマールは、思想と、その思想の信奉者を区別するか否か、である。天啓のシャリーア以外の人定法を法とする民主主義が不信仰、多神崇拝であることは、イスラーム主義武装闘争派の共通理解であるが、思想とその信奉者を区別せず、民主主義者を不信仰と断じないムスリム全てを直ちに背教者と断じ、その殺害を許可、あるいは義務付ける者がイスラーム主義武装闘争派内の「過激派」である。一方、思想と信奉者を区別し、民主主義は妥協の余地なく不信仰、多神崇拝と断じても、その思想の信奉者についての判断に関しては、裁判による吟味を経ない限りは背教者とは断じず判断を保留するのが穏健派である。

そして、これはタリバンの特徴というよりは、本論文「タリバンの思想の基礎」の特徴として特記すべきなのは、シーア派を名指しした批判の不在である。アルカーイダやイスラーム国などのサラフィー主義者はイスラーム思想史的にシーア派を主要敵とするスンナ派超正統主義「ハディースの徒（ahl hadīth）」の系譜に連なり、シーア派への激しい敵意を隠さない。またタリバンが属するデオバンド学派も、スンナ派正統主義に基づく改革主義であり、シーア派とは教義的に厳しく対立しており、旧タリバン政権（1996―2001年）時代にはシーア派のハザラ人との間で多くの犠牲者を出す戦闘があった。それを考えると、本論文がことさらにシーア派への言及を避けているのは、この時期のタリバンのイランと、国内のハザラ人への政治的配慮を反映してのことである、と推測される。

タリバンの武装闘争の論理は、基本的に、異教徒の占領からイスラームの国を解放することであり、これはイスラーム主義武装闘争派のみならず、スンナ派シーア派を問わず全てのイスラーム学者に受け入れられるものである。彼らが異教徒の手先として非難する世俗主義者に対しても、異教徒と協力してシャリーアの施行を妨害していることが問題なのであり、彼らが帰順さえすれば、「内心の信条を問題にして背教者として処刑しよう」とのキリスト教的「異端審問」「魔女狩り」を行うような心性はタリバンには無縁である。

イスラーム主義武装闘争派としてのタリバンの示差的特徴としては、以下に詳しく説明するように正統カリフの後継者としての自認を挙げることができる。イスラーム初期三世代の理想化、クルアーンとスンナへの回帰の提唱自体は、イブン・タイミーヤの流れを引くスンナ派イスラーム主義全てに共通する特徴であり、特記するに足らない。しかし現代スンナ派イスラーム主義の主流サラフィー主義やワッハーブ派は、法学、神学、スーフィズムなど狭義の「宗教」に関しては、後世の伝統を否定するが、カリフ論においては、スンナ派伝統主義の覇者のカリフ論を追認し、イスラーム学の学識と高潔な人格というカリフ条件を欠く統治者の支配を、あからさまに拒絶することはない。

しかし「タリバンの思想の基礎」はウラマー（イスラーム学者）の輔弼《ほひつ》を受けて善政を敷いたアル＝アイユービー（サラーフディーン：アイユーブ朝始祖、1193年没）、アル＝ガズナウィー（マフムード：ガズナ朝在位997—1030年）、アル＝ムザッファル・クツズ（バフリー・マムルーク朝在位1259—60年）のような例外を除き、正統カリフ時代以降のイスラーム政治史を腐敗堕落した政治として全否定する。

タリバンの正統カリフの後継者の自認は、同じく『アル＝スムード』からの転載の無署名論文「イスラーム首長国とその成功を収めた行政」ではよりはっきりしており、首長国の行政制度が「正統カリフ時代のカリフ制の諸原則に立脚している」と明言されているのである。

タリバンの理解における正統カリフの統治とは、端的に言ってウラマーによる統治である。それはアブー・バクルのカリフ位就任が「指導権（qiyādah）が知者（アーリム：ウラマーの単数形）から知者に移った」と形容されていることからも明らかである。「この地においてモスクの導師が約千年振りに、政治的最高指導権（imāmah ʻuẓmā：カリフ位）を再び手にし、モスクの導師こそが、他の何者よりも、最高指導者職に相応しいこと、そしてそれこそがアッラーの使徒と正統カリフたちの慣行（スンナ）であることを改めて確証したのである」との言葉は、タリバンが他のスンナ派イスラーム主義武装闘争派とは異なり、自分たちこそが正統カリフ以来絶えて久しいウラマーの指導する正当なイスラーム国家を建設するとの強烈な自負心を抱いていることを示している。

この点において、人定法を不信仰と断ずる同じスンナ派イスラーム主義でありながら、タリバンはサウジのワッハーブ派とは根本的に違っている。イスラーム学者にして宗教改革者であったムハンマド・ブン・アブディルワッハーブ（1792年没）とナジド地方豪族ムハンマド・イブン・サウード（1765年没）の政教盟約によるサウード家の保護によって教勢を拡大したワッハーブ派にとって「政権と教権の分離」は大前提であるため、ワッハーブ派はウラマーが為政者となるべきとは考えず、サウード家の世襲王権を認め、一般に政治にはできる限り関わらないとの態度を取る。ウラマーの統治はタリバンの政治論の特徴であるが、タリバンのウラマーはジハードに自ら参加する主体である。ジハードとはアッラーのシャリーア施行のための闘いであり、イスラーム世界が異教徒の侵略にさらされている現状においては全てのムスリムの義務であり、特に戦いの最前線であるアフガニスタンにおいてはそうである。タリバンのウラマーは、物質的に圧倒的な敵を相手に、自己犠牲を厭わずジハードを闘うことによって、言行一致の敬虔なムスリムであることを証《あか》ししたがゆえに、正統カリフの後継者を自認する。タリバンの考えでは口先だけでなく実際にジハードに命を捧げるか否かが、ウラマーの真贋《しんがん》の基準なのである。

西側メディアによるタリバンへの中傷の中でもよく知られたものが、タリバンによる女性教育の禁止である。「タリバンの思想の基礎」は第4講の全てを「女性問題に関する聖法に則った見解」と題する章に割き、その女性観を詳述している。タリバンにとっての女性とは、信仰における姉妹、また社会における母、妻として敬愛され、庇護奉仕されるべき存在である。タリバンの女性観は典型的に家父長的であり、それを女性蔑視と考えるのは、西欧の偏見に過ぎない。タリバンの支配期に女性教育ができなかったことについても「女性だけの教育のための環境、カリキュラム、黒板、建物等を用意するまでの一定期間、女性教育を延期すること」を強いられたのであり「それは女性の教育の禁止を意味しない」と明言しており、その言葉は、2010年には最高指導者ムッラー・ウマルの命令によりタリバン支配地に女学校が開設されたことにより実証されているのである。

ジハードを闘う神学生の集団として出発したタリバン運動であったが、年月の経過と共に運動は若干の変質を遂げており、かつてはただの神学生集団だったタリバンも現在はウラマーを自認するに至っている。しかし「イスラーム首長国とその成功を収めた行政」を読む限り、シャリーアに基づいて裁定を下せるウラマーは管区長（hākim mudīriyah）レベルで400人ほどしかおらず、法定刑の執行などの責任を負えるレベルに至っては州知事（wālī wilāyah）レベルでしか存在しないのが実態と思われる。また一方でこの15年の間にタリバン運動は神学生でない若い「世俗」の知識人をも引き付けるようになった。タリバンの公式サイトなどから、現在のタリバン運動には多くの理工系の学生が参加していることが窺われる。

このウラマーと「世俗」知識人の協力現象は、ウラマーが政権を握ったイランや、州政権レベルながらマレーシア・クランタン州のPAS（イスラーム党）においても確認されており、タリバンも今後「世俗」知識人の参入が加速することが予想されよう。

タリバンは「信徒たちの長」を最高指導者とし、彼の下に2人の副官、高等諮問会議、中央委員会が置かれる。中央委員会は内閣に相当し、省に当たる（1）軍事委員会、（2）布教・教導委員会、（3）文化・広報委員会、（4）政治委員会、（5）初等中等教育委員会、

（6）財務委員会、（7）捕虜・孤児委員会、（8）保健委員会、（9）外国機関委員会、の9つの委員会から構成される。

また地方行政は州、管区、村落に分かれ、州と管区にはそれぞれ最高指導者によって任命される長の下に軍事、財務、教育などの委員会が置かれる。最小の行政区は村落で、最高指導者によって任命される長の下に10名から50名のムジャーヒド（戦士）から成る前哨隊が置かれ、この前哨隊は村落の問題を処理し、首長国の最小の行政機関とみなされるのである。

［第2章］
「イスラーム首長国とその成功を収めた行政」（翻訳）

序

イスラーム国家であれ、民主主義国家であれ、専制主義国家であれ、その成功が、また宗教機関であれ、教育機関であれ、政府機関であれその他の何であれ、その繁栄が、その組成の正しい管理（高貴な目的、指導者の手腕、取り巻きの自己犠牲など）と秩序立った運営に依拠していることは先人たちの経験から明瞭で、我々の目撃した物事から確証される。この問題における完全な成功には、下された決定、制定された行政命令、確定した原則の施行において、それを指揮する者たちの献身的な尽力を必要とし、またその実行を託された者たちを選ぶに当たって清廉な運営に留意しなければならない。

成功を収める行政の要因の網羅や、イスラーム的行政の特性の解明を我々は目指しているわけではない。ここで我々に関心があるのは、アメリカとその同盟軍、彼らの残忍な犯罪行為との戦いと聖なるジハードに忙殺されるあらゆる側面での困難な状況に抗してのイスラーム首長国の行政と規制における政策に光を投げかけることにある。また我々は、イスラーム首長国の政体、あるいは所謂「タリバン」の政体について、アッラーのお助けによって、あなたがたに、ささやかな情報を提供することに努めたい。おそらくアッラーはそれによって我らの雑誌『抵抗』の読者たちを益し給い、信仰する者たちの心を癒し喜ばし給う。それはアッラーには難しいことではないのである。

求められる目標の高貴さ、望みの目的の神聖性を、行政に携わる者たちが十分に明らかになるまで調べた後に、それを彼らの心中に根を下ろさせることが、宣言された求められる目標の実現の成功のための、強い要因であり、働く者たちの心の中に利他、滅私、自己犠牲の精神を活性化させる背後に隠れた秘密である。なぜなら彼らは自分たちの任務の重要性を理解すれば、自分たちに託された任務を全うするために、競い合って邁進し、最高の目標、神聖な目的の実現のために自分たちの力の限りを尽くすからである。それは彼らが自分たちの活動の奥、彼らの価値ある仕事の屋上に賞賛されるべき結果と大きな福利を見出すからである。アッラーはそれについて仰せである。「我らが地上で地位を確立し、礼拝を遵守し、浄財を納め、善を命じ、悪を禁じた者たちには、アッラーの御許にその結末がある」（クルアーン22章41節）

加えて有能な者たちから役人を募集し、篤信と清廉の条件を満たした専門職集団を選抜する必要がある。篤信を欠く専門職は行政を腐敗させ、能力を欠く敬虔は行政を弱体化させる。しかし両者（篤信と能力）が背反するなら、篤信が優先される。なぜなら彼（無能な敬虔者）は両足を縛られた牧人と同じで臣民の利益も人々への奉仕もできないだけだが、（有能な）悪人は獰猛な狼で地上に悪を撒き散らし人々に害をなすからである。それは知者たちの許では害の排除が益の追求に優先されることが認められている通りである。ともあれ、適切な者たちを選任することは、成功を収める行政の諸要因のうちでも大切であり、それは「アッラーは汝らに信託物をその持ち主に返還することを命じ給うた」（同前4章58節）との至高者の御言葉の帰結であり、また「アッラーの御許で汝らのうちで最も高貴な者は最も敬虔な者である」（同前49章13節）との御言葉もそれを指しているのである。

また宗教、思想、政治において民衆を統《す》べる指導者の人格が優れていることも、重要性においてこれまで述べたことに劣らず、成功を収める行政の最重要要因に数えられる。なぜならば指導者こそは物事が立脚する枢軸であり、彼が自らの判断で社会をその目的の実現のために差配し、人々を善と幸福に導き、彼らに悪と破滅を諫《いさ》めるからである。それゆえ自らの創造主の庇護者（アッラー）に頼り一任した後には、サラリーマンであれボランティアであれ自分を助ける者全ての活動を自分への協力の雰囲気の中で、設定された目標に方向付けることが、指導者の任務の一つとなる。同様に彼には、鈍い心、眠った目を呼び覚まし、マンパワーを高貴な目標、至高の目的の実現に向けての献身のために活性化させる強い感情を生み出す責任がある。なぜならイスラーム法学と神学の書物に詳述されている自由人身分、男性性、理性と感覚の健常、学識と洞察力、力と勇気、英知と気配りなどの指導者の資質は、その目的のために求められるからである。

1. 国制の法源

この短い序文に次いで、これから本題に移ろう。

イスラーム首長国はその体制において、全面的にアッラーの書（クルアーン）とその使徒（ムハンマド）のスンナ（言行）、正統カリフたちのスンナと教友たち（預言者の直弟子たち）の言葉に依拠し、追随者たち（預言者の孫弟子）のファトワー（教義回答）と独自裁量（イジュティハード）を行ったウラマー（イスラーム学者）たちの見解を学び、過去の諸民族の歴史からも教訓を得る。またその体制には、なんとも神聖な目的、指導者の洞察力、その信仰の力、その体制の従事者たちの経験、献身、信頼性、能力などの資質といった、バランスの取れた成功を収める行政の諸要素が備わっている。

2. 地方行政の指導理念

それゆえイスラーム首長国の行政制度は国の州への分割、適任で敬虔な知事の任命、役人の敬虔と正義への指導のもと、現世と来世を目指す政治を行い、人々の需要を満たす。

また、人々に宗教の諸事項を教えることを勧奨し、善を命じ悪を禁ずることに全力を尽くすことを勧めることにおいて、正統カリフ時代のカリフ制の諸原則に立脚しているのである。そのためアッラーの道のムジャーヒド（戦士）たちの指導規則を定め、常に彼らの善導のための文書を送っている。それは彼らの行いを正し、彼らの考えを啓蒙するため、彼らが光明の中で教友たちに倣うためである。ウマル・ブン・アル＝ハッターブ（第2代正統カリフ）は人々に説教して述べた。「人々よ、アッラーにかけて私はあなた方を苦しめ財産を奪うために総督を送ったのではなく、あなたがたの宗教と慣行（スンナ）を教えるために彼らを送ったのです。それゆえ、それを少しでも超えたなら、私にそれを上訴しなさい。私は彼にその報復を行おう」（Dr.ハサン・イブラーヒーム『イスラーム史』1巻455頁）。

またウスマーン・ブン・アッファーン（第3代正統カリフ）は諸地方の彼の総督たちに書き送った。「アッラーはその領袖たちに牧人となるように命じ給うた。彼らは取税人になるようには命じられていない。このウンマ（ムスリム共同体）は初め牧人として創られ、取税人としては創られなかった。しかしあなた方の領袖たちは取税人になり、牧人ではなくなろうとしている。もしこのように法を超えれば、羞恥心、信用、誠実さは失われてしまう。最もよい生き方はムスリムの問題と彼らの義務を考察した上で、彼らに権利があるものを与え、彼らから彼らに課されたものを取りたてることではないか」（同前、1巻455頁）。

3. 地方行政区分

我々の国、イスラームのアフガニスタンの面積はおよそ65万平方メートルに達し、人口は3300万人以上であり、それぞれカンダハル、ヘルマンド、バルフなど、州（wilāyah）と呼ばれる行政単位に分かれる。州はその大小に応じて、ヘルマンド州のマールジャ、カンダハル州のウルガンダーブなど、数々の管区（mudīriyah）に分かれ、それぞれの管区は多くの地区（mintaqah）、村落（qaryah）を含み、管区の数は400、地区、村落の数は数万にのぼる。

4. 村落行政

村落には首長国から選ばれた村長がおり、村の民事軍事に責任を負う。彼には状況に応じて10人から50人のムジャーヒド（戦士）がつく。村長が殉教死するか、職務に支障をきたした場合、彼ら（ムジャーヒド戦士）の間の互選で新村長が選ばれるが、対立があった場合には、その問題は彼らの上級司令官に奏上される。この小隊は「前哨隊（jabhah）」と呼ばれ、昼夜を問わず占領軍の攻撃、戦闘に即応する。またそれは住民にとって、自分たちの間の問題であれ、別の村との間の問題であれ、苦情を持ち込む届出先となる。些細な問題の場合は、部族の有力者の調停に委ねられる。重大な問題は、尊きシャリーア（イスラーム法）の法規に則って当事者の間を裁くために、案件は管区の上級の責任者に上げられる。

5. 州自治

州の管区の全てに住民の間で敬虔をもって知られた管区長（hākim）がおり、彼にはその地区の事情に通じた副官がいる。彼（管区長）の指揮下で、紛争処理のための司法委員会、教育問題に関わる初等中等教育委員会、戦争を担当する軍事委員会などの委員会が活動する。管区長はその管区の全ての地域と村落の長たちの司令官であり、彼がその地区でシャリーアの裁定の訴えにも責任を有する。その（管区長の）任免は、州知事と州レベルの軍事委員会の諮問の上での（首長国）最高指導部の権限である。彼（管区長）は州知事の指揮下で働くその管区の直接の責任者である。

6. 中央政府と州の関係

国の州は全て独立の単位であり、それには知事（wālī）と呼ばれる長がいる。彼（知事）には補助する副官がおり、彼（知事）が最高指導部に対するその州の直接の責任者であり、その軍事、民事、財務、司法を司る。この重要な職には多くの場合、経験を積んだ有能な者で、宗教心と人徳を有し、アッラーのために何ものをも恐れずに諸事の処理のできる信頼に足る誠実な者が任用される。彼の職務にはシャリーアの諸規範、法定刑罰（hudūd）の執行、管区長たちの監督、戦争の作戦の実行、財源と支出の監査が含まれ、司法、軍事、財務、初等中等教育委員会などの州レベルでの権限を有する諸委員会が彼と協同する。その（州知事の）任免は高等諮問評議会の諮問を経て最高指導部による。

7. 中央政府

これらの上に、イスラーム首長国（全国）レベルでの大きな権限を有する中央委員会の役割がくる。どの委員会も委任された職務に通じた信頼のおける献身的な複数の委員で構成される。そしてこれら（委員会）は、首長国の現行制度において、事情によりかつての「省（wizārah）」の役割を果たしている。それは以下の通りである。

（1）国防省に相当する軍事委員会。若者に聖なるジハードの装備を施し、ムジャーヒド（戦士）に武器、弾薬、兵糧を供給し、軍事作戦計画を立案し、侵略軍の基地やその手先たちの隠れ場への攻撃の指令を出すなど、軍事問題を処理する。

（2）布教・教導委員会。大ウラマー（イスラーム学者）から構成され、重要な法学的問題に関するイフター（教義回答）を行い、またウラマー、布教師の任用、ムジャーヒド（戦士）の教導、住民の教化、司令官と部下たちへの忠言を行う。

（3）文化・広報委員会。「信徒たちの司令官（Amīr al-Mu'minīn：首長）」の声明、最高指導部、高等諮問評議会の裁定、声明、決定を放送し、様々な言語で新聞や雑誌を発行し、ムジャーヒド（戦士）たちの宣教、戦果を伝え、また嘘つきの敵たちによる虚報、流言飛語や陰謀に反撃し、インターネットの複数の重要なサイトを通じて彼ら（敵）の主張を論駁する。

（4）政治委員会。外務省に相当し、外交関係を担当して国際関係の樹立、その拡大、促進に大いに尽力している。

（5）初等中等教育委員会。各種の学校の建設、教育カリキュラムの作成、州の校長（ru'asā' ma'ārif）の選任、学校の教師と事務機構の任用を行う。それはイスラーム学と近代的学問の普及、社会からの文盲の一掃と無知の撲滅、新世代の育成のためである。

（6）財務委員会。首長国の財源の拡大、出納処理、支出監査などを行う。

（7）捕虜・孤児委員会。孤児と捕虜の問題を担当し、捕虜の解放に尽力し、彼ら（捕虜たち）の子弟、殉教者たちの子弟の教育、彼らとその家族の扶養を行う。

（8）保健委員会。ムジャーヒド（戦士）たちの負傷、病気の治療を行い、彼らの扶助、治療中の静養所の提供に留意する。

（9）外国機関委員会。それら（外国機関）に緊急避難地への立ち退きを求め、我々の信仰に有害な活動をしないように、それらの活動と従業員を身近に監視する。

8. 最高指導部

高等諮問評議会は、イスラーム首長国の幹部からなり、そのメンバーの任免は「信徒たちの司令官」によって決まる。この評議会の権限には、アフガニスタン情勢の監督、内政・

外交の諸問題の適切な解決の探求、首長国（全国）レベルの諸委員会の活動の指導、国際的、地域的（中東・南アジア・中央アジア）、国内的な事件に応じての声明の発出、クルアーンとスンナに照合した法令の発出などがある。

9．最高指導者

最高指導部は、最高指導者「信徒たちの司令官」ムジャーヒド（戦士）モッラー・ムハンマド・ウマルに代表され、我らが兄弟「司令官」ムジャーヒドは、聖なるジハードの直接の指揮者であり、ムジャーヒドの最高指揮官、信徒たちの指導者としての資格において、アフガニスタンの軍事・民事全てについての最高司牧者である。その説教や言説から明白であるように、彼は自分自身、その家族、親族、部族、兵士、部下から始まり、その臣民、世界の全てのムスリムに至るまでに対して、アッラーの崇高なシャリーアに裁定を求めるようになることを切望する。また彼の前の敬虔な（信徒の）司令官たち（正統カリフ）に倣って、職務をその適任者に割り振り、取り巻きを清廉に厳選し、信頼できる適切な者たちを近侍、側近に選ぶことによって公正な統治に努め、政務についている部下たちの行動を身近に監督する。内密の場と公開の場（両方）においてアッラーを畏れ身を慎むことを彼らに訓戒し、彼ら（部下）に臣民が権利を有するものを与え、臣民にいかなる危害も加えないように命令している。

10．副指導者

彼（信徒たちの司令官）の信頼すべき2人の副官は、篤信と敬虔におけるその助手であり、国土に天与のアッラーのシャリーアを施行するための彼の両腕である。両名は熟練の指導者の命令を何ものも付け加えず何ものも省かず完全に忠実に実行する。この両名が彼（信徒たちの司令官）のジハードの諸事、当局の活性化、高等評議会の会議や諸諮問会議の開催、イスラーム首長国の諸事万端の運営の遂行に責任を負う。

結語

イスラーム首長国の指導者のアッラーへの信仰の強さ、その目標の神聖さとそれがその従事者たちの心中に深く根を下していること、適任者の選抜による行政の清廉が、英雄性の鍵であり、この国の聖なるジハードの成功の秘密なのである。特に信仰の力とは、英雄的指導者ムジャーヒド（戦士）モッラー・ムハンマド・ウマルが、不信仰者どもの侵略、無防備な民衆への彼らの襲撃に対して、至高全能のアッラーにのみ拠り頼み、占領に「否」と言い、「我々にはアッラーだけで十分、なんと良き後見人であることか」との先人たちの言葉を繰り返し、宗教と名誉を守るためにジハードを命じたことである。疑いなく、ムジャーヒドたちはアッラーの側近（ワリー）である。もしムジャーヒドがアッラーの側近でないとすれば、特に我々のこの時代、誰（がアッラーの側近）なのか。

そして高潔なウラマーたち、シャリーアの学究たち、アッラーに仕える義人たちが、彼ら（ムジャーヒド）を統率しているのである。またイスラーム首長国の求める目標、望む目的は、アッラーの至高の御言葉の宣揚と文字通りのイスラーム政府の樹立、アッラーの敵であるアメリカ人のこの国からの追放である。アッラーは、不信仰者たちの言葉を卑しめ給い、アッラーは真理を真理となし、虚偽を虚偽となし給う。アッラーは聖なるジハードによりイスラームとムスリムに栄誉を与え、多神崇拝と多神教徒たちを卑しめ給う。それゆえ、それにおいて、「競い合う者たちは競い合うがよい」（クルアーン83章26節）。

［第3章］

「タリバン（イスラーム首長国）の思想の基礎」（翻訳）

序

タリバン（イスラーム首長国）運動は、西暦20世紀の終わりに、21世紀のイスラーム諸運動の前衛として出現した。至高なるアッラーは地上における最も傲慢な軍勢、つまりキリスト教十字軍世界の軍勢によって、地上で最も弱い軍勢を攻撃せしめることを望み給うた。それは人々が真の力とは信仰の力であり、現代のほとんどの人間が崇拝している物質的力ではないことを改めて教えるためであった。そしてタリバン運動が誕生し、政権を獲得したことによって、それは人類に、人々が何世紀にもわたって忘れていた新しい統治形態を示したのである。それこそはアッラーの啓示に基づく統治だったのである。

（タリバンは）アッラーのイスラーム聖法（シャリーア）を施行し、人々に安全と安心の満喫による幸福をもたらし、不正、腐敗、そして植民地主義者たちが、彼らを崇拝する名ばかりのムスリムたち（アフガン人世俗主義者）の手によってアフガン人に押し付けた無明の法令（qawānīn jāhilīyah）と戦った。それゆえキリスト教十字軍諸国はタリバンと戦い、不信仰世界はそれに一丸となって弓を引き、不信仰と偽善の諸国民は現代の国際キリスト教十字軍の指揮下にタリバンの抹殺において合意したのである。しかしアッラーの御恵みにより、イスラーム首長国は不信仰世界の軍勢を前にして堅忍不抜を貫き、そして今や、至高なるアッラーの御意思によって、再び明白な勝利を目前にしているのである。

タリバン運動は、その闘争形態、思想、理論武装、世界観、人間観、他者に対する関係を律する基準において、他に例を見ないユニークな運動である。

ではタリバン運動が政治を行うにあたって基礎とし、それに基づいてその綱領、政策を実践に移すその思想の基礎は何であろうか？

これは世界中の人々がその答えを知りたいと切望している問題である。しかしこの問いに答えるには、その思想的背景、参照した様々な書物、イスラーム首長国（タリバン）の指導部たちが教育を受けた教育方法に遡って語る必要がある。

それによって我々は「タリバン」という現象、そしてその統治と政治に関する理論、そのイスラームの聖法（シャリーア）理解、イスラーム史の解釈について知ることができる。小生は長年にわたりこの（タリバン）運動の中で活動し、その誕生から発展の諸段階の目撃証人となった。その指導部とメンバーの心理を観察し、また彼らが学んだ同じプログラムと方法（デオバンド学派イスラームのカリキュラム）で自分自身が学び、彼らが影響を受けた同じ環境下にあったことから、アッラーは我々に、外部からの西欧のメディアの誹謗中傷のプロパガンダによる影響を受けることなく、（タリバン）運動を身近で知ることを可能にしてくださった。ところが多くの人々はそれ（西欧のメディアの誹謗中傷のプロパガンダ）によって（タリバン）運動とその振る舞いについてのイメージを形成し、故意にそれ（タリバン）について偏見を助長するか、あるいはその実態についてほとんど知らずに、それを怪物視しているのである。それゆえ我々はこの論文の中で、（タリバン）運動の思想的基盤、運動の基本原則、統治、政治制度、不信仰とイスラームに関するその見解について要約を試みた。我々はこれらの基本理論についての我々の知識から到達した結論が100パーセント正しいと主張するつもりはない。ただこれはこの運動の実態、歴史的事件や事態の推移に直面してタリバンが採った対応から我々が演繹したところの、その思想の基本原則、綱領であるに過ぎない。

それら（その思想の基本原則、綱領）は以下の通りである。

1. タリバン運動の指導部とその創設者たちのイスラーム理解

運動の創設者たち、指導部は、政治家も軍人も全て、イスラーム学を修めた学者、あるいは勉強中の学生、つまりイスラーム学に関わる者である。そして彼らの学問の源泉となる典籍は、このイスラーム共同体の先達の時代に、過去の世紀にイスラームの学者たちが著した書籍の中で彼らが学んだイスラーム聖法の諸典拠である。また過去の世紀とは、人々が宗教を、外来の逸脱した解釈や思想の混ざりものがまだない純粋な状態で理解していた時代であり、混ざりものとはイスラーム世界諸国での教育課程に西欧の植民地主義者、イスラームを憎むオリエンタリストたちが影響を及ぼすようになってから後に、近代の（イスラーム）学者たちが書いた書物や教科書を通してイスラームの学知の中に混入したものなのである。

こうした書物の影響の一つとして、それらの書物は、イスラーム聖法の知識を、西欧風に、魂の抜け殻として教えるようになった。そこではそれを学ぶ者は、自分たちが学ぶ宗教理論、イスラーム聖法の規定を実践する必要はなくなった。むしろ、そうした書物は、イスラーム聖法の学知を文化遺産の一つのように教え、それには、イスラーム聖法として真正であり適用が有効であることに疑いを引き起こさせるオリエンタリストの思想の大きな影響が入り込んでいたのである。このような（イスラーム）学者の階層は、イスラーム世界の中で、イスラームを聖法（シャリーア）、人間生活の法としては信じていない諸政府によって設立された国立やそうでない大学によって生み出されたのである。いや、それらの政府は、イスラーム聖法を現実生活から切り離し、人定法や西欧の諸法にその場所を譲らせるように奔走した。それらの諸政府は人々が西欧思想の悪影響を受けない純粋なイスラームを理解することを望まないのである。それはそれらの政府が真のイスラームの教えから逸脱していることを知って、政府に対して革命を起さないようにするためである。

一方、タリバンは、これらのイスラームを汚す理解を免れている。なぜならば彼らは西欧の手先の('āmilah)諸政府の支配の及ばない純正の宗教学校(madrasah)やモスクでイスラームを学んだので、彼らは、先人たちが宗教とイスラーム聖法を理解したのに近い理解による正統な学問方法論と清純な知識を身につけることができたのである。もちろん、これらの宗教学校には、運営管理、システムの近代化、情報処理の方法などにおいて多くの問題点があるのは疑う余地がなく、またその（宗教学校の）カリキュラムに、知識の領域において新たに生じた不可欠な科学の一部が入っていないことも欠点に数えられるかもしれないのだが。

しかしこうした欠点は、このカリキュラムで学ぶ者たちが、イスラームを聖法の目的に適い、先人たちの道に沿って理解することを妨げはしない。このカリキュラムが西欧思想の様々な影響を全く受けていなかったことは、結果として、この純正な宗教学校の卒業生たちの思想と政治行動と、西欧が彼らの流儀で教育した者たちの思想と政治行動との間の完全な乖離をもたらし、イスラームとその信奉者たちがそれによって義務付けられることと、不信仰とその追随者たちの間には接点がないことになったのである。

これが西欧を怒らせ、不信仰の諸国民をして、政治、統治、法制、国際関係などの生活の諸領域において西欧的様式に従わないタリバンに敵対するように扇動することになったのである。

それゆえ西欧は、タリバンの思想とそのイスラームの理解に対し、国際的全面的戦争を宣戦したのである。それは軍事力による戦争だけにとどまらず、教育、広報、経済、政治、社会の領域でタリバンに対して多くの戦いを挑み、これらの諸領域で、この地域において様々な形で現れたタリバンの影響を根絶するために何千億ドルもを費やした。それはこの（タリバンの）思想が、西欧人たちがイスラーム世界のムスリムたちの脳中に定着させようと努力してきた西欧の諸理論を抹消してしまうことを恐れてであった。それゆえアフガニスタンにおけるイスラーム首長国に対する戦争は、ウサーマ（ビン・ラーディン）師（アッラーが彼を護り給いますように）やその他の逮捕のための戦争ではなく、十字軍の西欧とイスラーム諸国のその手下の支配者たちと妥協しない純粋なイスラーム思想に対する戦争なのである。

タリバンの政治理論とその政治的立場について論じたが、次に述べることは、彼らにとってのイスラーム聖法の知識は、学位を取るためや、職にありつくためや、学歴を誇るために学ばれるべきものでは決してなく、いかなる犠牲を払おうとも理論から実践に移すべき宗教に他ならない、ということである。そしてイスラーム聖法（シャリーア）の施行には、ムスリムがイスラームに基づいた体制を樹立することを妨げる様々な障害の除去が必要とされるが、この除去は、議論と論証の力が役に立たなかった場合には、軍事力の行使によるしかないことは疑う余地がない。それがタリバンがアフガニスタンを統治した時期に行ったことなのである。

彼らは彼らが学んだ自分たちの主（アッラー）のイスラーム聖法の施行のために、血を流し命を投げ出しているのである。これが彼ら（タリバン）と、宗教を学問と教育の西欧流の学術研究様式で学んだ者たちとの違いなのである。大学のイスラーム学者（ウラマー）たちは、研究と検証のためにイスラーム聖法の諸学を学ぶが、タリバンは、神学校とモスクの申し子であり、イスラーム聖法の諸学を実践と施行のために学ぶのである。

2. 思想、行状、政治、制度における西欧文明の生んだ退廃による思想と知性の汚染の不在

イスラーム諸国（bilād）とその民衆を支配している専制的（tāghūtiyah）諸制度、諸政府のほとんどは西欧の植民地主義者によって創られたが、それは彼らが、自分たちの（本国

への）帰還後に、イスラーム世界の将来の支配者になるべく彼ら（現地人の欧化主義者）を養成するために、イスラーム諸国に設立した学校におけるこれらの世代の教育とその養成を成し終えるか、あるいは留学生団が西欧人の手で、あらゆるイスラームの影響から遠く離れた環境で教育を受けるために、西欧諸国に派遣された後のことであった。

そこで彼らは、（西欧人）植民地主義者たちが彼ら（現地人ムスリム）の洗脳のために定めたカリキュラムを学び、彼らの理性と思考は西洋哲学と、宗教のあらゆる束縛から解放された西洋人の哲学の無神論に汚染され、統治、政治、制度における非宗教的やり方を習得した。この不信仰の教説に冒された彼らの精神が、宗教とそれへの服従を拒否するようになる。そしてこの世代が完全に西洋風に染まり、西洋の大学から戻った後、植民地主義諸国は、彼らに植民地化されたイスラーム世界の統治権を引き渡したのである。それゆえ彼らは自分たちの政治と行政において西洋の無神論のやり方と理論に従い、イスラーム聖法（シャリーア）を統治と思考から遠ざけ、そればかりかそれに激しく戦いを挑み、生活の全ての領域において（ムスリム）諸民族を（西欧人）植民地主義者たちがイスラーム世界の未来を西洋風に染め上げるために定めた基準に則って、様々な新しい様式を定めたのである。

これにより、（イスラーム世界の現地人の支配者の）一部の者たちは無神論の共産主義政権を立て、別の者たちはイスラーム聖法（シャリーア）に法裁定を求めないという意味での「リベラル」な世俗主義政権を樹立し、暴力的支配、拷問、投獄による舶来の（政治）諸原理を押しつけ、イスラーム世界の諸民族に災厄につぐ災厄をもたらしてきたのである。こうしてイスラーム世界は1世紀を経ずして、そのイスラーム的性格を失い、西欧の尻尾に成り下がり、イスラームは、その地において風変わりなものとみなされるようになり、ムスリムたちもまた自分たちの地において、外国の法令と理論によって支配される異邦人となってしまったのである。

一方、タリバンは、世俗主義、民主主義、日和見主義、便宜主義、（現世的）利益と快楽の論理、諸国民と諸民族の扱いにおける暴力的支配、裏切りと策謀によるプラグマティズムなどの西洋哲学の生み出した退廃によって理性を汚染されておらず、自らの生の思想、理論、哲学と他者との関係の基準をイスラーム聖法から採っている。非宗教主義が（人間の）生の全ての領域において抹殺したイスラーム聖法の諸規定の再生に取りかかり、イスラームが命じている限り、「国際社会」と称されるものの承認に、それが反するか一致するか、などを気にかけず、イスラーム聖法に反し、かつての非宗教的諸政権が輸入した全ての制度、法令を廃止したのである。

それゆえ、人類を西洋の物質的な基準の闇からイスラームの光明とイスラーム聖法の正義へと、そして西洋の諸政策の偽善からイスラームの純潔とその寛大で繊細な教えへ、（西洋の）手先の（イスラーム世界内の現地）諸政権の欺瞞からイスラームの共同体の先達に倣う道へと導き出すところの思想と理論の別のモデルを、タリバンがムスリムと世界（全体）に提示しているのを知って、西欧はその（タリバンの統治）中に自分たちがイスラーム世界に広め、長年にわたってムスリムたちを誑《たぶら》かしてきた彼らの諸原理に対する危険な脅威を見出したのである。

そのため西洋は、タリバンの思想と制度に誹謗中傷を浴びせ始めたのである。それは人々にそれを嫌悪させるためであり、他のイスラームの国々、西洋の法令が人々の宗教的自由を抑圧し、西洋の考え方が人々の理性と思考を堕落させている土地で、ムスリムたちがそれ（タリバンの思想、制度）に倣うことがないようにするためなのである。

3. 国際秩序、国連、その法令、決議等と称されるものに裁定を求めないこと

今日、国際秩序（合法性：sharʿīyah duwalīyah）、国連とその全ての文民的・軍事的付属機関、

下部機構などと呼ばれているものは、実際には（西洋の）拡張主義的植民地主義の行動、政策を隠蔽し、強国による弱小国に対する政治的、法的支配を押し付けるための、目眩《めくら》ましにすぎない。イスラームの国々もそうした弱小国の一部である。そしてそれらの強国は、「国際機構」と称されるもの（国連）の法令、決議などを、他の（弱小）国に優越する形で、制定、採択し、不公平な法令によってその（弱小国の）行動範囲を制限し、その手を縛っているのである。これこそが、世界が60年以上にわたって目にしてきたことなのである。そしてそれは実際には、（西洋）植民地主義国家が弱小国、民族に対して犯してきた罪を正当化する装置に他ならないのである。

これらの法令を抑圧された民族たち全てに押し付けるために、西洋はそれを驚くべきほどに神聖化し、まるでそれが至高なるアッラーが人類の幸福のためにその預言者たちを通じて啓示した天啓の教えと聖なるものの全ての上にあるかの如くに、それに対するいかなる批判、議論も認めず、その形式の再考も、その条文の変更も認めないのである。

イスラーム世界の諸政体、政府が西洋植民地主義の産物であり、それを牛耳っているのが、至高なるアッラーとその使徒（ムハンマド）を裏切り、自分たちを支配者の座につけ、その地位を保全している植民地主義（西欧）諸国への忠誠を尽くす者たち（名ばかりのムスリム）であることから、ムスリムがイスラームを信奉するように、彼ら（イスラーム世界の為政者たち）はこれらの（国際）機構の法令や決議を信奉し、ムスリムがアッラーの聖法に裁定を求め、自分たちの生活の諸問題にそれを実践するのと同じように、彼ら（イスラーム世界の為政者たち）はそれら（国連の法令、決議など）に裁定を求め、それを実践するのである。

こうして西洋の法制的覇権がイスラーム世界の彼ら（ムスリム）の生活の中に根を下ろしてしまい、これらの法に敵対すること、それに裁定を求めることの拒否は、それに反した国家や民族が集団虐殺、破壊、追放、政権の打倒、国富の収奪によって罰される最大の犯罪とみなされるようになり、これらの法令に、否応なく屈従させられることになってしまったのである。

ところがタリバンは、この虚構の神話を打ち壊し、それに敵対を宣言し、内政と外政の全てにおいて最初から最後までアッラーの聖法のみに裁定を求めなければならないことを声高に呼びかけた。堅忍不抜に自らの原理と信仰を固守し、それは、いかなる暴風にも揺らぐことはなかった。まことに栄光はアッラーとその使徒と信仰者たちのものである。しかし偽信者たちは悟らないのである。

そしてイスラームを自称する一部の者たちとは違い、タリバンにとってこの思想原理は空虚なスローガンにとどまらなかった。国際的な決議に裁定を求めるか、万事においてイスラーム聖法のみを権威として認め国際秩序の決議への屈従を拒むか、との誘惑の試練の選択に直面した時に、彼らの行動が、それを実証した。

そして彼らは、イスラームを固守したが、それはその固守の代償として、多大な犠牲を払い自らの血と命をもって樹立した自分たちの政権、体制を失うことになってでも行わねばならぬことであった。なぜならば、彼ら（タリバン）にとって統治の目的は至高なるアッラーの御言葉の宣揚にあるため、アッラーの御言葉が宣揚されていない限り、彼ら（タリバン）の考えでは、政府になど、西洋と取引するべきいかなる価値もないからである。

とはいえ、このことは、彼ら（タリバン）がイスラームの教えに反しない国際条約、決議を遵守することを妨げるものではない。そしてこの考え方は使徒ムハンマドが弟子たちにマッカからの移住を説いた時に教えた考えと同じものなのである。つまり使徒はマッカでジャーヒリーヤ（非イスラーム的無明）と共に政権に参加することに同意しなかったのであるが、それはたとえマッカの（多神教徒の）住人たちが、統治、掟、彼ら（マッカの多神教徒）の父祖たちから受け継いだ慣習に基づく裁定において彼らのジャーヒリーヤに（使徒が）手をつけず温存するという条件で、使徒が元首となることに同意していたにもかかわらずであったのである。

　こうした（使徒の）考えを甦らせたことは、（イスラーム世界の）支配者たちが権力の座に居座るために、（西洋の）異教徒たちの不信仰の法令にいそいそと平身低頭し、屈従することの現代における、タリバンの偉大な功績なのである。

4. アッラーの宗教のみに忠誠を捧げ、虚偽の徒との取引を拒絶すること

　試練や苦難がない限りにおいては、至高なるアッラーへの忠誠を掲げる多くのイスラーム運動、イスラーム団体が存在している。しかし厳しい試練、過酷な苦難に見舞われると、彼ら（自称イスラーム運動、イスラーム団体）はすぐに妥協、打算に流れ、イスラーム原則を代償に現世の利権を確保するために虚偽の徒たちと取引をするのである。それよりさらに有害なのは、恥ずべき姿で敵たちと同盟することであり、彼らはムジャーヒド（アッラーの戦士）たち、アッラーの宗教の擁護者たちに対する内戦を仕掛け、ムジャーヒドたちに対してテロ、過激主義、（イスラーム学の）知識の不足、イスラームの精神の理解の欠如などの誹謗中傷を浴びせる策謀を企て、（イスラームの）敵（の異教徒）たちが、ムジャーヒド

とジハードを貶めるために流布させることに狂奔しているまさにその同じレッテル、スローガンを斉唱しているのである。我々のウンマ（イスラーム共同体）は、イスラームを売り払ったこれらの団体、運動によっていかなる苦難を被ってきたことか。どれほどのイスラームの諸概念が、これらの恥ずべき団体とその振る舞いによって、歪曲されてきたことか。これらのイスラームに属すると称する諸団体のどれほど多くが、テロと過激主義を非難するとの口実で、ムジャーヒドに敵対する国際十字軍同盟に加入するのを我々は目にしてきたことか。

しかし、タリバン運動は、アッラーの恩寵により、その（設立の）最初の日から、イスラームにのみその忠誠を捧げ、政権の獲得のために、いかなる怪しい団体、党派とも取引をせず、そしてその（政権獲得）後、長い年月わたって施行されないままになっていたイスラーム聖法の実施においても、その忠誠への専一の立場を改めて堅持したのである。そして（タリバン運動）は、世界のイスラーム主義者たちができなかったこの偉業を、自分たちに向けられた誹謗、中傷、嫌疑にもかかわらず成し遂げたが、この困難な道における確固たる支えとは至高なるアッラーの宗教への忠誠に対する専一に他ならないのである。

しかしそれで我々はタリバンがイスラーム聖法の適用においていかなる過失も犯さず無

謬であったとも、その内部に邪悪な成員がいなかったとも主張しているわけではない。それ（タリバン）もまた、他の全ての運動と同様に、（現世的）野心を秘めた者たち、権勢を求める者たちを内部に抱えており、またアメリカのドルを目の前にするとイスラームへの忠誠心が揺らぐような、昔の（対ソ連）ジハード諸組織から流入した者たちもいるかもしれない。しかしそうした者たちは、試練に見舞われると（タリバン）運動を見捨て、（タリバン）運動も彼らを放逐するので、彼らはタリバンの内部にいかなる地位も保持し続けることはできないのである。

5. 領主と世俗主義者の指導部からの追放と学者と宗教者の指導部によるその代替

タリバン運動は、この宗教（イスラーム）の精神と、その栄光の歴史に対する理解に基づき、イスラーム共同体（ウンマ）の政治的指導権は、宗教（イスラーム）学者と預言者たちの相続人たち（学者）に属すると考える。これはイスラームという宗教の教えが明確に定めるところであり、この思潮の最善の実例は、預言者の人格である。というのは彼は高貴な預言者職であることに加えてイスラーム国家の最高指導者でもあり、彼こそが共同体に対する政治、軍事、財務、法制の諸事項を司られ、また彼こそが、ムスリム共同体（ウンマ）に彼らの宗教を教え、人類を闇から光明へ導き出されたのみならず、イスラーム国家に外交政策の大綱をも定められたからである。

そして彼の逝去後には、ムスリム共同体の指導権は、至高なるアッラーの宗教について最もよく知り、イスラーム聖法の精神を最もよく理解した人間、即ち（初代カリフ）アブー・バクルに委ねられた。そのように指導権は、知者から知者に移ったのであり、彼らの指導の下で、イスラーム国家の領土は広がり、その宣教は世界各地に広まったのである。

しかし最善の世代（初期3世代）が過ぎ去った後、人々が宗教の教えから逸脱したために衰退の局面に入る。そしてムスリム共同体の政治的指導権は、しばしば人類の主の聖法に則るよりも、むしろ自分たちの我欲に従って人々を支配する者たちに手渡されるようになった。そこでイスラーム聖法の施行がゆるがせにされるようになって、ムスリム共同体の威勢が弱まることになり、ムスリムは多くの領土を失っていき、ムスリム共同体は災厄に次ぐ災厄を味わうことになる。アル＝アイユービー（サラーフディーン：アイユーブ朝始祖、1193年没）やアル＝ガズナウイィー（マフムード：ガズナ朝在位997—1030年）やアル

＝ムザッファル・クツズ（バフリー・マムルーク朝在位1259—60年）などの（わずかな）例外を除き、この屈辱の泥沼から抜け出せなかった。彼らは万事においてイスラーム聖法に裁定を仰ぎ、諸事をその支配下に戻したのであるが、彼らはイスラーム聖法の知識を備えていたか、あるいは傍らにいるイスラーム学者たちの学識により啓蒙されていたのである。

しかしこのような繁栄の時代は長くは続かず、支配権は自らの欲望を宗教より優先させ、宗教家、宗教（イスラーム）学者たちを抑圧し、イスラーム聖法の学者たちを政治と指導権の場から遠ざけるよう策謀する専制君主たちの手に戻ってしまったのである。

そして外国人の占領者たちは、ムスリムの土地を支配した後に、宗教を生活から切り離し、世俗主義（lā-dīnīyah）を広め、生活と統治の諸領域から宗教を根絶し、いかなる役目も宗教に持たせないようにした。また生活と政治の問題における（イスラーム）学者の役割を縮減し、彼ら（イスラーム学者）は、ここそこと個人の崇拝の勤行の一部（だけ）を行い、そして、かつては宣教と善導を為し、ムスリムの領土を防衛する指導者たちを輩出する光塔であったのが、社会から切り離された修道院に成り下がった自分たちの宗教学校で、その（個人的崇拝の勤行の）規定の一部を教えるだけになったのである。しかし（外国人）植民地主義者たちは、それだけでは満足せず、官立学校出のムスリム子弟の新世代を要請した。

これらの官立学校は、彼ら（外国人）が設立したもので、その中では、外国人教師か、彼ら（外国人教師）の弟子で、植民地行政の下でオリエンタリストやキリスト教宣教師たちの懐で育まれた我々と同じ民族の子弟の手によって世俗主義のカリキュラムが教えられることを決定したのである。

この新世代は宗教（イスラーム）に敵対し始め、その諸原則と諸規定を否定するようになり、自分たちが軍事的に撤退した後に彼ら（現地人の新世代）に国事の支配権を委ねた外国人占領者たちに忠誠を尽くすようになった。そしてこの欧化世代の任務は、外見上はイスラームに属しているように見えるが、その内実は宗教（イスラーム）から離反し、その諸儀礼、諸規定から離反した支配と統治の新しい形態を創り上げることであった。

そしてこの領域（支配と統治）の全てを欧化世代に明け渡すために、障害なくイスラームの諸民族をより広い分野で西欧風に染め上げることができるようにと、彼らはイスラーム学者と篤信の徒たちを指導層、（政治的）決定権を有する地位から遠ざけたのである。

こうして外国人植民者たちは、自分たちが撤退する前に、この新世代に、至高なるアッラーの宗教に代わる新宗教を設立したのであるが、それが人類を人間の欲望によって支配する民主主義という宗教であり、それにおいては政治的権利と主権の享有資格において現代における最善の人間（被造物）と最悪の人間が平等なのである。そして無宗教の支配者たちは、自分たちの有する軍事力と、拷問、投獄の技術の全てを投入して、自分たちの新宗教（民主主義）を確立させたのである。

このようにイスラームの国々での統治の生活の様式を持続させることができるように、彼らはイスラームの国々での教育法を、イスラームの国土における西洋人たちの目的に適合するような方法に染め上げたのである。

諸政府が統括するイスラーム学校や大学における教育法は、また別の問題をも抱えている。そこではイスラーム聖法の諸教科は、魂を抜かれ、技巧を凝らした文飾や現実に合致しないギリシャ哲学の言葉遊びの難渋な表現で教えられるようになってしまった。

こうして宗教（イスラーム）は、礼拝、浄財、家族法などの限られた儀礼行為と、数百年も前に存在した思弁神学諸派に属するわずかばかりのイスラームと信条の教義に切り詰められてしまった。その一方で、イスラーム世界を端から端まで席巻している現代のイデオロギーの諸派、諸団体と、それらがもたらす破壊的な悪影響については、これらの国々ではイスラーム教育のカリキュラムは扱っておらず、それに警戒して備えることができるようになるのに十分なほどに人々にその害悪を教えていなかった。その結果として、共産主義がやって来て、人々の思念と感情を魅了し、次いで邪悪な自由主義が到来したが、それはアッラーの人類に対する統治権とその聖法の施行に楯突くものだったのである。

タリバン運動が出現したのは、こうした嘆かわしい状況下においてであり、同運動は、政治と支配の戦場に正面から突入し、力関係を逆転させ、価値基準を転換させ、諸事を改めて元のあるべき位置に戻したのである。そしてモスクの導師が再び世界に向かって出かけて世界に対して高らかに「アッラー以外に支配権はない」と宣言し、共産主義者と自由主義者たちの耳に「アッラーの啓示し給うたものに基づいて支配しない者たちは不信仰者である」(クルアーン5章44節)とのメッセージを響かせたのである。

こうしてこの地においてモスクの導師が約千年ぶりに、政治的最高指導権を再び手にし、モスクの導師こそが、他の何者よりも、最高指導者職(imāmah'uzmā)に相応しいこと、そしてそれこそがアッラーの使徒(と正統カリフたち)の慣行(スンナ)であること、ムスリム共同体が非宗教的支配に屈したことは、この宗教(イスラーム)の本質にもとることを、改めて確証したのである。そしてタリバン運動は政府を樹立し、イスラーム聖法を施行したという事実によって、2世紀近くにわたって西欧がムスリムの心中に深く植え付けようとしてきた大嘘、つまり現代においてはイスラーム聖法が国家と政治の運営に有効ではないとの嘘を反駁したのである。それによってタリバン運動は、現実の行動によって、宗教（イスラーム）学徒とモスクの導師たちが、国家と政体の行政運営において、西欧思想のひよっこたちより有能であることを立証したのである。

しかしムスリム共同体が、「それが成功することはない」と諦めかけていたこの実験に成功するに至るタリバンの道は、決して薔薇色ではなかった。むしろそれは血、命、そして様々な犠牲と、長い忍耐の道であった。彼らはそのために地方的（アフガニスタン）、地域的（イスラーム世界）、国際的な挑戦に直面し、何万人もの最善の若者、（イスラーム）学徒、クルアーン暗誦者たちを犠牲にしつつ、夜に日を継いで、全ての障害を乗り越え、確固たる信仰と宗教の誇りによって新しい道を切り開き、「人々がおまえたちに対して（抹殺するために）集まっているぞ。それゆえ彼らを恐れよ」と彼らに言う人々の脅しも彼らを妨げることはできなかったのである。『『人々がおまえたちに対して（抹殺するために）集まっているぞ。それゆえ彼らを恐れよ』。しかしそれによって彼ら（ムスリム）はますます信仰を深め、『我々にはアッラーのみで十分。何と良い後見人であることか』と言ったのである」（同前3章173節）。

彼ら（タリバン）は、この運動の発展の諸段階のあらゆる局面において彼らに対して為された地域（イスラーム諸国）的、国際的圧力に屈せず、いかに試練が厳しくとも、彼らの信ずる原則に関して取引に応じず、またイスラーム聖法を、専制君主の邪神（tāghūt）の法や、アッラーの支配に敵対する人間の皮をかぶった悪魔たちの政令と混淆することも決してなかったのである。

不信仰世界がタリバンを平和的手段と、政治的取引によって買収することを諦め、多くのイスラーム運動・団体を「平和的共存」という酸で溶かし、邪神の専制的政体の化粧・仮面を施し変質させた「民主主義」の鋳型に嵌め込む試みが全て失敗した時、不信仰世界は彼ら（タリバン）に対して侵略戦争を宣言し、西洋の悪魔たちがその悪魔的な策謀によってムスリムたちを麻痺させた麻酔による眠りからムスリムたちが覚醒して気付く前に、この（タリバンの、イスラーム学者によるイスラーム聖法に基づく国家建設の）実験を流産させようと力の限りを尽くしたのである。

しかし至高なるアッラーは不信仰世界と闘うために、自分たちの血と命と8年以上前に自分たちの政権が崩壊した時に土に埋めた錆《さ》びた弾薬というわずかな軽火器しか持たない貧者たち（タリバン）の手によって、不信仰世界全てを打ち負かすことを望み給うたのである。

これが、(現在)彼ら(タリバン)に色目を使い摺《す》り寄り、自分の手下たちのためにカブールに樹立した政府(カルザイ政権)に抱き込もうとしている虚妄のアメリカなのである。そしてそれ(アメリカ)がこの卑しい立場にまで妥協するに至ったのは、過去8年にわたるタリバンとの戦争の経験を経てのことに他ならない。

他方、タリバン運動は、モスクとその壁龕《へきがん》から外に出た者たちが指導する運動として、国際政治の上で、西洋が育てた世俗主義者の政治家たちが考えたのとは全く違った振る舞いをしたのである。この(タリバン)運動の指導部は、賢明で確固たる立場を貫くことによって、この運動が、国際政治の悪魔たちにその悪魔的罠、策謀によって弄《もてあそ》ばれる蒙昧なスーフィー乞食坊主(ダルヴィーシュ)たちの集まりではないことを証明した。そうではなく、統治と戦争と国際的な挑戦の経験によって鍛えられたイスラーム学者たちが支配する運動であり、彼らは政治的賢慮と、この地域(イスラーム世界)と世界の政治情勢、謀略に対する精確な理解を持ち合わせているのである。

タリバンの思想のこの原則は、ただ政治と指導の領域から領主たちと世俗主義者たちを追放しイスラーム学者をその地位につけたに留まらず、それ以上のことを為した。それは戦争、政治、情宣、国際的陰謀との対決についての賢明な理解を有するジハード戦士たる若者を育て上げたことである。それは強いられた闘争の様々な段階における絶え間ない対応の戦いについての彼らの理解に加えてのものであった。そしてそれが（タリバン）運動に、西欧とその手下であり、自分たちの権力を失うことを恐れて西洋の言いつけには何でも従うイスラーム世界の罪深い支配者たちが率いる十字軍戦争におけるイスラームの諸民族の指導層たちの成員たちを引き付けたのである。この原則をタリバン運動の思想の諸原則の一つであると述べようと思うなら、タリバン運動は、現代においてもイスラーム学者とジハード戦士たちがムスリムを指導する能力があるとの信頼性をムスリムに与え、ムスリムのイスラーム学者たちに生じた沈滞と固陋《ころう》を取り除き、再び彼らを指導と統治の場に引き出し、現在と未来の指導と抵抗を可能として備えるために、先行したイスラーム諸運動の経験から学んでいるのである、と我々は言おう。ただし、これらの経験はより正しい導き、この運動の全ての側面を包括する歴史学的検証を必要とするのである。そしてそれ（タリバン運動）は、イスラームの実践の新しいモデルを提供したのである。

またそれは、先達（イスラーム初期3世代）の時代に在ったところのイスラームへの復帰と、信仰の揺らいだ者や偽信者たちが軽視しようとしているイスラームとその敵の不信仰の諸宗派の間の宗教的・文明的闘争の戦場における現代の新しい諸事象への対応を兼ね備えたイスラーム聖法の枠組み内での軍事・民事の実践を通してのものなのである。

統治と指導の両分野におけるその（タリバンの）指導と霊性の実験は学ぶに値する。

だが、イスラームの思想の探求者ともあろうものが、この時勢に、不信仰者たちがそれ（タリバン運動）とそのジハードと統治に関する見解と国際情勢と現代のイデオロギー闘争の成り行きに対するその影響に関心を抱いているよりも、興味を持っていないというようなことがあってはならない。

6．民主主義を現代の無明の宗教とみなし信仰しないこと

タリバンの思想の重要な基本原則の一つに、民主主義を信じず、それをアッラーの最後の使徒ムハンマドへの啓示の導きを拒否し、生活の全ての領域において人類の欲望を最終審級とする現代西欧の無明の信仰であるとみなすことがある。

タリバン運動は、イスラームが政治制度、立法、経済、道徳、社会についての完全な宗教であり、民主主義であれ、他の宗教であれ、法制であれ、継《つ》ぎ接《は》ぎをする必要がないことを固く信ずる。そしてそれが至高なるアッラーのその書（クルアーン）の明文における御

言葉「今日、我は汝らに汝らの宗教を完成し、汝らに我が恩寵を全うした。そして我は汝らの宗教がイスラームであることに満足した。それゆえ、罪に逸れず飢餓を強いられた者には、まことにアッラーはよく赦し給う慈悲深い御方」(クルアーン5章3節)、及び「イスラーム以外を宗教として求める者は、その者から受け入れられることは決してなく、その者は来世において損失者の一人である」(同前3章85節)である。

イスラームは、人間生活の全ての次元を包摂し、復活の日に至るまでの全ての問題、課題を処理することのできる宗教である。それゆえもしそうでなかったとすれば、復活の日に至るまでの人類の他の全ての宗教と同じく、(アッラーは)それに満足し給うことはなく、それから逸れる者を損失者のうちに数え給うことはなかったのである。

またタリバンは民主主義をアッラーの主権を否定し、多数決の形で地上の至上権を人類に属さしめる現代の無明の宗教であると信ずる。そしてこの多数派が法令を制定し、合法と禁止を定める権限を独占し、また彼らの妄執に従って、自分たちの利権を守るために、支配者を選ぶのである。だから彼らは何事においても真理のアッラーの聖法に従わない。それゆえ民主主義における多数派は、神の地位を占めており、彼らの妄執が神の聖法の地位を占めるのである。

タリバンは民主主義について、民主主義とは（キリスト教）教会の堕落、そのあらゆる人権の蹂躙の後に近代西洋の哲学者たちが作った宗教であると信ずる。そこでの立法の源泉は人間の妄執と思念であり、それは重要な2つの原理の上に成り立っている。

その2つの原理とは、（第一は）主権原理である。即ち合法と禁止の最高主権が人間にあり順位においてこの主権より上位、あるいは同位のいかなる他の主権も認めないことであり、それは、モノ、人、状況に対する、特権的多数派の見解から生じた絶対権力なのである。

そして第二（の原理）とは、権利と自由の原則である。それは要約するなら、個人に、その自由が他人の自由を脅かさない限り、自分が欲するあらゆることを為さしめることであり、いかなる聖法も宗教も、その宗教や聖法がいかなる（社会での尊敬される）地位を占めていようと、人間にこの民主主義が人間に与えた自由と権利を禁ずることは許されないのである。民主主義には、信仰者も不信仰者もなく、また信仰も不信仰もない。ただそこでは全ての権利における人類の完全な平等がある。またそこには善と悪があるが、善とは多数派が善とみなすものであり、悪とは多数派が悪とみなすものであり、宗教がそれ（多数派の決める善悪）を認めようが、認めまいが無関係なのである。

さらに、民主主義はこの理論に尽きるわけではない。それは別の諸概念、民主的制度として知られるものにも及ぶ。その中には西洋の占領者たちがイスラームの国々への移植に奔走して一つの国のムスリムを分裂させるために支援した政治的多党制（多元主義：ta'addudīah）がある。

タリバンはムスリムの国における政治的多党制は、諸党派、諸集団が権力の椅子を目指して互いに騙し争うようにムスリムを分裂させる手段であると考える。それゆえタリバンは支配権を得るための非難すべき争いを防ぐために、単一のイスラームの旗印の下、唯一神信仰（タウヒード）の言葉の上にムスリムを統合する、単一の公正なイスラーム政体を樹立すべきことを信ずる。また（タリバンは）同時に、ムスリムの為政者たちへの助言のために門戸が開かれる必要をも信ずる。なぜならば「宗教とは助言」（ハディース）であり、また「最善のジハードは不正なスルタンの許での真理の言葉である」からである。そして最善の助言とは、ムスリムのイマーム（カリフ）に対して向けられたものだからである。

侵略者の占領者たちが育てた、あるいは諸々の植民国家が育て、遅かれ早かれ自分たちの目的を達するための手段として、味方につけるために巨額の投資をしてきた無宗教の世俗主義者や民族主義者などは、イスラームと聖法の基準に照らせば無に等しく、イスラームの地で無宗教の活動を行うことが許可され、認められることは許されない。

アフガニスタンとイスラーム世界のムスリムは、過去に悩まされた共産主義者たちによる殺人、拷問、追放、宗教と聖なるものの冒瀆、ムスリム共同体からの宗教の取り上げを忘れてはいない。ところがこの傷が癒えないうちに、自由民主主義者が西洋の空爆の傘下にやって来て、ムスリムたちに最も過酷な虐待、拷問を味わわせた。そしてアフガニスタン、イラク、ソマリヤ、パレスチナなどのイスラームの国々の出来事は、イスラーム世界で不信仰諸国のおかげで成長したこれらの諸党派（自由民主主義）が犯した罪に他ならない。

またタリバンは、信仰するアフガン人民の過去30年にわたるジハードは民主主義のためでも西洋思想に門戸を開くためでもなかったと考える。そうではなく、それは至高なるアッラーの御言葉を宣揚し、その聖法を彼の僕《しもべ》たちの間に施行するために、人民が数百万人の殉教者を捧げたイスラームのジハードだったのであり、また今もそうあり続けているのである。

そして我が信仰する人民をこの高貴な目的から逸らし、ジハードと殉教者の地にイスラーム政体を樹立することを妨げる全ての思想、理論は、許容されるべきではなく、むしろアッラーへと近づく献身、その道におけるジハードによって、抹殺されねばならないのである。

それゆえ民主主義はタリバンの考えでは、その弘布のために世界中を暴力と鉄血で席巻する現代の無明の宗教であり、他方彼らの考えではイスラームは別の宗教であるということになる。だが、至高なるアッラーがそれを最善の人間ムハンマドに啓示し給う真理の宗教で、その中にだけ人類の幸福があるのである。両者の間にあるのは不信仰と信仰の違いなのである。

7. 一致団結と無明の民族主義の拒絶

一致団結の維持と無明の民族主義の拒絶は、タリバン運動の重要な原則の一つである。それゆえ、厳しい数々の試練と、運動のメンバーを「過激派」や「急進派」などと名づけたものに分裂させようとする敵たちによる多くの策謀に晒されながらも、一貫して強く団結しており、運動の戦列に分裂、内紛が生じることはなく、不信仰世界全体に対する運動の偉大な戦いにおける確固たる信仰の立場を取ることによる指導者への適格性を確証したその（最高）指導者（ムッラー・ウマル師）の指導の下に、その戦列の統一を維持しているのである。

以下は、この運動における戦列の統一を支える重要な要因である。

（1）運動の各構成員の（最高）指導者に対する善（なる命令）における自発的な絶対的服従。それはイスラームにおいて権威者に対する服従は、聖法の明文が命ずるところの聖法によって定められた事柄だからである。ムスリムの集団はこの聖法の明文の違反の帰結を警戒しなくてはならない。なぜならば（タリバン運動）の指導部と成員の大半は、イスラーム教の学者、聖法の学徒であり、彼らこそそれらの聖法の明文を最も理解しその教えの適用を遵守するのに相応しく、またそれが可能な者だからである。この（聖法の）理解と遵守のために、（タリバン）運動の成員たちには、しばしば（他の）イスラーム諸運動の分派が陥るように妄執の虜になったり、名声や現世の享楽を追い求めることがないのである。

（2）敵の流言に耳を傾けず、（タリバン）運動の指導部、様々な事態に対するその立場に関して敵たちが言うことを気に留めないこと。なぜならばイスラーム諸運動の内紛のほとんどは、そうした運動の追随者の間に敵が広める流言飛語に起因する指導部への猜疑《さいぎ》心から生ずるからである。だが、（タリバン）運動の成員のほとんどは聖法の知識を有しているので、その彼らの聖法の知識が彼らを敵の流言飛語による撹乱から守っている。そしてそれは「もし彼らの許に彼らが流す安全と危険の報がもたらされた時、それを使徒と彼らの中の権威者たちに委ねたなら、彼らからそれを知った者たちは〔安全と危険の報を言いふらした者たちは〕それを知ることになったであろう〔使徒と権威を持った者たちに尋ねて、その情報を言いふらしてよいことかどうかを知ることができただろう〕。もしアッラーからの汝らへの御恵みと御慈悲がなければ、わずかな者を除いて汝らは悪魔に従ったであろう」（クルアーン4章83節）との至高者なるアッラーの御言葉の実践によるのである。彼らは何事も権威者たちに委ね、敵が宣伝する通りに鵜呑みにしたりはしない。他方また、イスラームにおいて服従は、気に入ったことでも、嫌なことにおいても行うものであり、（タリバン）運動の実態に対するこの忠誠と理解が、その戦列の分裂を防ぐ重要な要因となっているのである。

（3）（タリバン）運動の指導者たちは、残りのメンバーとこの世の生活において全く区別がなく、指導者たちには部下たちに猜疑羨望の念を抱かせるようなことは何もない。なぜなら彼ら（指導部）全員が貧者、庶民であり、人々が暮らすのと同じように暮らし（タリバン）運動の平メンバーが食べ、着るのと同じものを食べ、同じものを着ているからである。それどころか、指導者たちの生活水準は、平メンバーの状態より質素で粗末な場合すらあるかもしれない。それゆえ西欧人たちは今に至るまで、彼ら（タリバン指導者）から没収し、圧力をかける道具にするためのいかなる財産も不動産も見つけることができないでいるのである。この（タリバンの指導者たちの）清貧、質素な生活のために、運動の平メンバーと庶民も、（タリバン）運動の指導者たちがこの世の快適な暮らしに無欲であると納得しており、この特質（質素、清貧）があるために、人々が、（タリバン）運動の指導者たちの周りに結集しようと欲し、彼らからの離反を望まないのである。

（4）諸運動、諸団体の内部分裂はほとんどの場合、地位や職務を巡る競争から生ずる。ところがタリバン運動においては事情は異なる。というのは、そこ（タリバン運動内）での地位とは名誉特権ではなく義務負荷だからである。それは顕職（minah）ではなく試練（mihan）、ジハードと戦闘の戦場への出陣、死、負傷、捕らわれ、苦難に身を晒すことなのである。それは現在の情勢下においてのみではなく、（タリバン）運動の治世においても常態だったのである。その（タリバンの）メンバーの一人が今日大臣であったのが、明日には最前線の指揮官であり、明後日には普通の職にあり、その後にはいかなる公職にもつかず、さらに後にはどこかの州の知事になっている、というようなこともあるかもしれない。こうした（タリバン運動の）地位は重い義務負荷であり、人々が手に入れようと競う現世の利権ではないのである。それゆえ（タリバン）運動の指導者たちやメンバーたちの心中には競争心はなく、むしろ彼らは地位を担うことを困難な重責と考え、現世の欲がない者以外はそれを求めないのである。

（5）タリバンの敵たちは、運動の参加者たちを過激派と穏健派に分裂させようとしばしば試みてきた。しかし運動の隊列の中には彼らのプロパガンダにのせられる者はおらず、彼らの策謀は失敗に終わった。敵たちはこの方法で金銭的・政治的賄賂や莫大な見返りを提示したが役に立たなかった。なぜならば（タリバン）運動への帰属とは信仰とアッラーの道での献身の繋がりでしかなく、地位の獲得のためではないからである。とは言っても、（タリバン）運動の隊列が、利権を求める者、規律の弛緩《しかん》した者、なんらかの野望を抱く者が全くおらず無謬《むびゅう》である、と言いたいわけではない。それもまた他のあらゆるイスラーム運動と同じく人間からなるのであり、天使からなるのではない。ただタリバンを他の運動から区別するのは、運動の自己監視的性格と苦難の道程のせいで、そうした規律の弛緩した者たち、利権を求める者たちが運動の隊列に残り続けることができない（で淘汰される）ことなのである。病んだ魂の者らは、苦難、試練、生活の過酷さを耐え忍ぶことはできないのである。

（6）また（タリバン）運動の結束を強めるものとして、民族（エスニック・グループ）、言語、地域などの忌わしい無明の党派主義を避けていることがあげられる。（タリバン）運動はイスラーム・スンナ派の全ての民族から構成されており、その指導者の中にはウズベク人、トルコマン人、タジク人、バルーチ人、パシュトゥーン人、ヌーリスターン人など様々な民族に属する者たちがいる。これがアフガニスタンの全ての州にそれ（タリバン運動）が広範に存在している秘密なのである。（タリバン）運動の（人物評価）基準は、献身の純粋性と仕事への熱心さに加えて神への畏れである。そしてそれ（神への畏れ）こそが（タリバン）運動が、全き真剣さと決意をもってその維持に努めるものなのである。

8. 純イスラーム的方法に基づくイスラームの実践

また、タリバンの思想の基礎の一つに、「純イスラーム的方法（uslūb）に基づくイスラームの実践、及び政治的制度的行動の方法における西洋への門戸の閉鎖」の理論がある。それゆえタリバンは西洋の徒弟たち、その思想の布教師たちに対して門戸を閉ざしてきた。

それは彼らが（西洋の）影響を受けており、彼らが当初から行おうとしていたその諸原理が（西洋思想との）混ざりものであったからである。

タリバン指導部は、西洋の手中で教育を受けその物質的原理に毒された者たちが、イスラームとイスラーム共同体（ウンマ）にいかなる純粋な忠誠をも捧げないことをよく知っている。なぜならば彼らの頭の中にある最高の理想像は生活の全ての領域における西洋の理想像であり、彼らの考えではイスラームとは政治体制や人間の問題の処理とは無関係な単なる精神的な教えを指すに過ぎないからである。それゆえムスリムたちを西洋的生活様式に染め上げることが彼らの一大関心事なのである。これらの者たちは、イスラーム団体で指導部、影響力のある地位に就けば必ず、たとえ名前だけは異なろうとも、それらの内実が西洋思想に合致するように堕落、汚染させようと努めるのである。

ただし、タリバンのこの立場は、自らの国土と民衆に、安全保障に役立つ科学的な活用を待っている天然資源を援用して奉仕するために、自分たちが西洋で有益な科学知識を学んで帰国した自らの宗教（イスラーム）と祖国（アフガニスタン）に忠実な専門家、技術者、科学者たちを活用しないことを意味しない。タリバンがこの政策を採る目的は、（イスラームへの）憎しみに満ちた西洋の徒弟たちに対して、彼らが国と体制を政治的、思想的、文化的、法制的に牛耳る道をふさぐためである。なぜならばこうした人物たちがイスラーム団体の指導部内にいること、あるいはイスラーム団体の運営にそうした影響があることは、時間の経過と共に周囲を溶かす溶解性の酸のようなものだからである。

9. 政治的制度的行動の方法における西洋への門戸の閉鎖

20世紀後半のイスラーム運動の大半（の歴史）は以下の事実を証言している。それらは当初は、イスラーム共同体（ウンマ）の若者に宗教（イスラーム）に対する自尊心を蘇らせ、イスラーム共同体に偉大な奉仕をなした強力なイスラーム運動であり、それればかりかイスラームの国々を植民地の首枷《くびかせ》から解放するために武装ジハード、軍事闘争にも参加したが、その後に大きく後退し、西洋の諸原理に影響され、政治行動のそれらの様式の一部を取り入れてからは方向転換し、その（イスラーム的）生き方を変え、その思想的言説を変化させた挙句に、ついには純真なその創設者たちが基礎をおいたその本質そのものを変質させてしまったのである。その結果、それらの（イスラーム）団体は世俗主義の病弊に冒された民主主義の同類に成り下がり、西洋民主主義の尺度を行動基準とするようになり、広範な基盤を有する連立政権に参加し、政権の座に就くために、世俗主義諸政党の連合に組み込まれることになってしまった。それはあたかも、これらのイスラームを自称する諸団体の最重要目的は、無宗教の諸政党、諸政権に擦り寄るために純正なイスラーム的諸概念を放棄してでも、あるいは信仰者と不信仰者、善人と悪人が平等な西洋流の選挙に参加してであれ、あるいは様々な形でそれ（イスラーム的諸概念）と西洋とを架橋することによってであれ、あるいはイスラームのジハードによって不信仰の（西洋の）傀儡邪悪専制（tāghūtīyah）諸政権を打倒した後で、イスラーム的統治を樹立するために奔走している諸ジハード団体を中傷することによってであれ、いかなる手段によってであれ、政権の座を手に入れることにあるかのようである。

西洋の真似と影響の病弊に冒されたこれらの諸集団は少なくなく、また小さな団体にもたくさんあり、大団体にもある。そうした例はエジプト、チュニジア、アルジェリア、スーダン、ヨルダン、トルコ、アラビア湾岸諸国、インド亜大陸諸国、タジキスタン、そして最後にアメリカ人たちが樹立した政府に参加するために占領者たちに味方したイラクなどに見出すことができる。

アフガニスタンと、ほんのしばらく前までジハードの旗を掲げ、イスラーム政府樹立のスローガンを叫んでイスラーム及びジハードの政党を名乗っていたその（アフガニスタンの）諸政党は今日、イスラーム世界のその同類の諸政党の中でも最悪の状態に陥っている。なぜなら、それらは全て、なんらかの形で、（西洋の）十字（キリスト教）軍たちがその地を占領した後で樹立した傀儡アフガニスタン行政府の枠組み内で十字の旗の下に立っているからである。

こうした諸団体の一部はジハードとジハード戦士たちに対する露骨な敵対政策を採り（外国軍による）占領政府に公式に参加し、別の諸団体は裏取引、日和見政策に長けており、大胆に公式に宣言して正面玄関から入閣はしないが、そのメンバーと組織の支持層の多くを、種々の別名のカーテンを下ろした様々な隠し扉から（政府が）取り込んでいるのである。そのメンバーのほとんどは占領政府に参加しており、ほんの一握りの少数がジハードとジハード戦士であることを売りものにして政府の外に留まっており、政権への参加に唾液が湧いた（欲が出た）時には、傀儡政府との秘密交渉、時には公然交渉をも恥じないのである。ただし、それには占領（軍）が将来的にアフガニスタンに遺していく行政府の中で最大の分け前を得ることが条件となるのである。

これらの準世俗主義諸（自称イスラーム）団体の思想における逸脱の根源を探究すると、

堕落は以下のような入り口からそれらに侵入してくるということが見出せる。

（1）生活と業務において、西洋の流儀を採用すること。

（2）西洋の徒弟たちがその内部で行動し、影響を及ぼすことができるようになること。

（3）個人的、組織的行動において、イスラームに基づく忠誠と絶縁の信条を放棄すること。

（4）安穏な生活と現世的快楽を求め、粗末な生活と教え込まれた厳格さから逃避すること。

（5）不信仰の西洋が「原理主義」、「過激」、「反動」などの蔑称で呼ぶ純粋清浄なイスラーム的な考え方を擁することを恥じること。

（6）西欧物質文明の一部の事象に幻惑され、イスラーム的行動において、それと（イスラームの）精神的霊的規律とを取り替えてしまうこと。

（7）西洋との闘いの中で育った世代に敗北主義的助言を吹き込み、闘いを早く終わらせるために、たとえ純正なイスラーム的な考え方と信条、純正なイスラーム体制の樹立を犠牲にしてでも、西洋に媚びへつらうことに専念すること。

（8）邪悪専制政権との戦いと純正なイスラーム的方法論に基づくイスラーム的統治の確立を志向する代わりに、政権の座に就くことばかりを志向すること。

その他、イスラーム諸団体の堕落の諸原因をなす様々な要因があるのである。

他方、タリバン運動は、モスクの壁龕、純正なイスラーム学校の寄宿舎から出立した者たちが指導しているため、現在に至るまで、アッラーの御恵みにより、こうした堕落を免れており、西洋とその西洋化の策謀に反対を表明する政策において堅忍不抜であり、自らの原則を売り渡すことはなく、西洋の徒弟たちが組織に入り込む危険を見逃すこともなかった。それゆえ彼らは西洋に門戸を開放しなかった。そうならなかったのは、彼らが西洋との思想闘争において得心しているからなのである。そして（タリバンは）その道を行く政策を継続する限り、至高なるアッラーが望み給う限り、良きものであり続けるであろう。しかし（タリバンが）その指導者たちの門戸を、西洋人の思想に従って教育されたか、その影響を受けた者たちに開いたなら、その日のうちから、堕落が始まるのである。

10・女性問題に関する聖法に則った見解

タリバンの思想における女性問題は、それをめぐって西洋に大きな争論を引き起こさせた重要な問題の一つであり、（西洋は）それを口実にタリバンの思想とその体制を中傷し、西欧のメディアは、アフガン女性が不正に監禁され人権を奪われ自由を制限されている、アフガン社会を構成する男性の営為から遠ざけられ、教育や労働の権利を妨げられている等々のイメージを流布させた。こうして自由主義の西洋は妄想で、アッラーを主としたイスラームを宗教、聖法として、そして（預言者ムハンマドの弟子の）第一世代の「信徒の母たち（預言者ムハンマドの妻たち）」と貞淑に（神のために）奮闘（ジハード）した女性（ムスリム信徒）たちを手本、模範として信ずるアフガン人女性たちの状態について歪曲されたイメージを捏造した。

西洋は、アフガン人女性を無神論の西洋の基準、価値観によるその穢《けが》れた観方で眺めることに固執している。

アフガニスタンの女性問題の真相とは何か？　この高貴な被造物（女性）に対するタリバンの見方はどんなものであろうか？　タリバンの思想における女性の廉直と放縦に関す

る基準とは何か？　アフガン女性の問題に対して西洋が騒音を上げる裏の真の理由は何であろうか？　アフガンの女性問題に関連するこうした諸問題に答えるためには、少し遠回りしてアフガニスタンにおける西洋の女性解放運動の背景について知り、タリバンがアフガン女性の西洋化運動に対して確固として立ちふさがり、その計画を阻止し、その結果として不信仰世界全体の憎悪を招き寄せることになった経緯を知る必要がある。

タリバンの思想において、ムスリム女性とは宗教における男性の姉妹同胞であり、（男女）双方の真の宗教（イスラーム）が両者に課した聖法の義務において全く平等である。彼女の兄弟のムスリム男性が聖法の諸規定の遵守を求められるのと同じように、彼女もまた彼女の主の聖法の諸規定の遵守を求められるのである。

イスラーム社会における彼女の地位は、尊敬される母か、大切な姉妹か、気高い娘か、貞婦かであり、いずれの場合も、尊ばれる人間の女性なのである。

そして女性が奉仕され、男性が奉仕する存在であることにより、女性は男性から区別される。というのは、イスラームの聖法は彼女の養育と扶養、尊厳と名誉の保護を男性の責任としているからである。そしてそれは至高なるアッラーが女性の体質の中に創り給うた自然の生物学的相違を尊重することによってしかありえない。なぜならそれによって女性は男性には担うことができる苦役、激務に耐えられないからである。

女性の廉直と放縦に関するタリバンの思想の基準、度量衡はイスラームが定め、このウンマ（ムスリム共同体）の初期世代のイスラーム学者たちが明らかにしてきた基準それ自体である。

十字軍の西洋が、その無神論的性向からしてイスラームを全面的に拒絶することから、女性の正邪に関するタリバンの基準を拒否するのも驚くにはあたらない。

西洋の脳内の問題は、その物質的自由主義的な西洋的観点からアフガン女性を見ることから生ずるのである。もし（西洋が）アフガン女性を、彼女たち自身の宗教と彼女たちの社会の慣習、そして彼女たち自身の聖法と民族の文明に対する彼女たち自身の道徳的文化的遵守を通して見るなら、アフガンの信徒の女性の問題に関して西欧が妄想したようなものはどこにも見出すことはないのである。

しかし西洋人たちの頭の中のこの問題は、植民地主義的敵対的下心、アフガン女性の思想への攻撃から生じているのである。というのは女性らこそが、過去何世紀にもわたってイギリス人、ロシア人、アメリカ人とその十字軍の同盟者たちに、苦渋を飲ませてきた戦いにおいて、侵略者たちに屈辱を味わわせてきた勇敢な戦士たちを生育してきたからである。

西洋の敵たちはアフガン女性ムスリムが無法な西洋化の波に抵抗し、ジハード、移住、忍耐、戦闘準備によって父や兄弟や夫や息子と共に戦線に立つのを見て、彼女たちへの攻撃方法を変えた。その（新戦略の実行の）責任を植民地主義（西洋）諸国がイスラーム世界での玉座に就かせたウンマ（ムスリム共同体）の裏切り者、（西洋の）傀儡の（現地人）為政者たちに負わせ、彼ら（現地人ムスリム為政者たち）が法令や政策や制度でムスリム女性に、脱衣、半裸、彼女たちの宗教の規範からの逸脱を強制したのである。これらのムスリムを自称する犯罪者たちのいかに不正なことか。アフガニスタンでもこうした為政者たちの役割は他のイスラームの国々より少なくはなかった。

ハビーブッラー（1901―19年在位）が王位に就くと彼は自分の妻から洋服を着せ始めた。その後に彼の息子のアマーヌッラー（1919―29年在位、1960年没）が彼の王位を継いだが、新王は少年期から西欧の自由主義にかぶれており、6か月以上にも及ぶ奇態な洋行に出かけ、同行したサルヤー王妃はアフガニスタンの衣装を着て出国したが、膝を丸出しにした洋服を着て帰国したのである。

この西洋かぶれの王はジハードとジハード戦士の国に洋服を広めるために、自分の妻に政府要人たちの集まりでヒジャーブ（スカーフ）を頭から脱ぎ捨てるように命じ、彼女は男性たちの間に頭を晒し胸を露にして座り、王は名士たちの妻にも同じことをするように命じ、こうして王妃と宮殿から女性の脱衣とイスラーム聖法に則るスカーフへの反対運動が始まったのである。

その後にフランスで育ち自由主義文化に染まったザーヒル・シャー王（1933—73年在位）が登位し、女性の放縦により広く門戸を開き、（男女）共学と道徳的退廃のあらゆる手段を国に広げ、宗教を「民衆のアヘン」とみなす無神論の共産主義の種をこの国に植えたのである。

その後、彼の父方甥のムハンマド・ダーウード（大統領、1978年没）が彼の後を継ぎ、共産主義者に殺されるまで彼はその（先王ザーヒル・シャーの）政策を継承した。共産主義者たちと共にこの国のソ連による占領が始まり、赤色共産主義への門戸が開かれ、都市の女性の心にまだ残っていた道徳、宗教、貞節、羞恥心は根絶させられた。

共産主義政権が崩壊した時、ラッバーニーが率いるジハード諸組織が政権を握った。しかし彼の政権は聖法の施行と共産主義の生み出した腐敗の撲滅には関心を示さず、他のジハード諸組織と対立して共産主義者の残党と共闘し、祖国を悲惨な内戦に陥れ、何十万の世帯が戦火を逃れて祖国を離れ、西洋の国々に難民となって脱出した。

これらの家族が西洋に到着すると、西洋社会は彼らを抱き込み、心底からムスリムのアフガン社会を攻撃するための毒槍として彼らを利用するために、堕落した西洋文化に染め上げた。

多大な犠牲の末にタリバン運動が政権を握ると、(タリバン運動は) 大都市で以下にまとめられるような極めて道徳的に堕落した状況を引き継ぐことになった。

(1) 一連の世俗主義の諸政権が生み出した女性の諸領域における恐るべき道徳的退廃。
(2) 女性の無規範主義を信奉する無神論の共産主義が生み出した宗教、道徳的退廃。
(3) 堕落した西欧諸国における多くのアフガン人の疎外から生ずる腐敗。
(4) 世俗主義と共産主義の諸政権によるイスラーム刑法の施行の廃棄。
(5) 堕落した政府が広範に普及させた映画、劇場、クラブ、ラジオ、テレビ、新聞などのメディア、俗悪雑誌、猥褻書籍などの不品行を広める様々な手段の存在。
(6) ムジャーヒディーン政府が腐敗との戦いに失敗し、政府の要人の多くが堕落した組織のネットワークにからめとられたこと。

(7) 教育の全ての段階での共学制度の危険な悪影響。
(8) 全ての段階での教育、政府機関でのイスラーム式服装の禁止。
(9) 西洋、共産主義諸国のメディアによるイデオロギー攻撃。
(10) アフガン人に西洋思想、文化を普及させるための人道、教育、医療支援の装いの下の、何百もの西洋諸組織の存在。

かつてこういった原因が女性の諸領域、青年層における極めて危険な状況を生み出しており、この存在する腐敗との闘いはタリバンに断固たる政策を採ることを要請した。そしてその根絶は、存在する腐敗の規模より強大な矯正の努力なしには可能ではない。それゆえタリバンは以下のような必要な政策を採ることを余儀なくされた。

(1) 女性だけの教育のための環境、カリキュラム、黒板、建物等を用意するまでの一定期間、女性教育を延期すること。それは女性の教育の禁止を意味しない。むしろ国の憲法は、女性のための教育の機会を十分に与えることを明記していたのであり、憲法39条によると女性教育はイスラーム聖法の枠内で、そのための法律によって定められるのである。

(2) 女性公務員の退職、彼女らを年金生活に入らせること。
(3) 聖法（シャリーア）の施行と、腐敗の広まりの防止のための、聖法に則ったヒジャーブ（スカーフ）の強制。
(4) 石打刑と鞭刑を含む聖法に基づく刑法の施行。
(5) 勧善懲悪省の設立と、人々へのその宗教の教化、忠告と良き説諭によって不品行を自粛しない者の懲戒。
(6) 西洋諸機関の監視と、その全活動の監督。
(7) 疑わしい筋の思想的害毒が人々の脳中に撒き散らされないように、その出版放送手段を禁止すること。

そして十字軍の西洋と他の邪悪な意図を持つ国々は、この（タリバンによる腐敗撲滅）政策を目にして、その（西洋諸国の）迷妄の思想と不信仰の諸理論がアフガン女性と新世代に浸透しないのを悟った時、彼らが堕落させようと奔走してきたアフガン女性の彼らの言うところでは侵害されている権利を彼らに替わってタリバンに請求しているのだ、と吹聴し始めたのである。

アフガン人の女性の性状は他のイスラームの国々の女性とは多くの点で異なっている。例えばアフガン人女性はアッラーの恩寵によっていまだに健全な信仰の天性を保持しており、彼女らの考えは西洋物質主義に汚染されておらず、移住とジハードに耐え、その日暮らしで辛抱しており、露出や裸体よりも貞操と慎み深さを選好している。これらの性質全てによって、彼女らは新しい世代にイスラームの諸原則を教える資格を与えるに相応しい。そしてそれが全ての力をもたらして彼女らを保護するのであるが、またそれが、西洋が我慢することのできない、彼女たちの備えている性質でもあるのである。それで西洋はアメリカがアフガニスタンを攻撃し、この国のムスリム女性を堕落させる多くの分野を開拓し、その堕落のための包括的な計画を立案した時、アフガン女性に対する隠れた憎悪から安堵したのである。これらの悪魔的な計画は以下の通りである。

（1）イスラームのヒジャーブを脱ぎ捨てるようにとの女性への扇動。それを彼女が投げ捨てるのは、それ（ヒジャーブ）はタリバン政権と関係するものだからで、タリバン政権が崩壊した以上、ヒジャーブも脱ぎ捨てられるべきだ、というわけだ。アフガニスタンに向けられた西欧のメディアはこの領域で重大な役割を果たした。

（2）女性問題省という名の女性省の創設。女性は国家問題の一つとなり、それを特別に担当する一つの省が必要となった。この省の創設の裏にある真の下心は、制度的枠組みと緻密な計画の下で（組織的に）女性を堕落させることであり、この奇怪な省がアメリカの専門家たちの監督下でそれを執行したのである。おそらくこれは世界の歴史の中でも最も奇怪な省であろう。

（3）生活の全領域において男女の混交に場を開いたこと。政治に始まり、教育、商業、娯楽、ミスコン、遊び場、ダンスホール、芸術と彼らが呼ぶところの破廉恥な遊興、ジャーナリズムやメディア、その他の生活環境である。

（4）数十のテレビ局の開設とそこでの美女の雇用。例えばカブール市だけでテレビ放送のための20以上の民間局があり、また首都とアフガンの他の州で国営、民営の200以上のラジオ局がある。これらの放送局は最悪の猥褻、不品行を放送し、これらの衛星放送が社会の道徳構造に腐敗、弛緩、分裂をもたらすために、ついには一部の政府官庁でさえがこれらの放送局に倫理上の監督の強制を求めるに至るほどであった。にもかかわらず、傀儡政府は西洋諸国が背後についているこれらの放送局の暴走を抑えることができないのである。

（5）西洋社会の以下の3原理に基づくアフガン社会に向けた再構築の執拗な行動。
①万事における男女平等。
②男性の女性に対する管轄権を失わせるための女性の生活の（経済的）自立化。なぜなら女性が夫から経済的に自立したなら、性的目的以外に必要としない一人の男性になぜ付き従わねばならず、多くの従属を課す夫婦の制限に従う代わりに性的本能を自由に満たさないであろう？
③社会生活の清廉、貞潔な整序のためにイスラームが設定した防壁の破壊のための男女の完全な混交。
（6）雑誌、写真、映画、演劇、ナイトクラブなどあらゆる扇情の手段の大量の持ち込み。警察による倫理規制の廃止、扇情的音楽、若い男女の猥談を放送する数十の放送局の開設。
（7）ゲストハウスの名による、大都市での売春宿の開設と、そこへの中国、韓国、旧ソ連圏諸国からの売春婦の輸入。ついには首都カブールで売春宿の害悪が増大し内務省が介入しその閉鎖を命じたところ、かつては外国人不信仰者専用であったのを再開するようにアフガン人の若者が公然と求めるようにまでなってしまった。
（8）西洋諸組織によるエイズ対策の美名の下の何百万もの避妊用品の配布。しかし実はそれは保守的なアフガン社会に婚外性交を広めるためなのである。
（9）国内のミスコンへの参加と海外でのミスコンへの派遣のための芸者集団の結成。
（10）聖法の諸規定が紙の上のインクでしかなくともわずかなりとも残存している地方裁判所に訴えることを望まない者をおびき寄せるための、地方裁判所に隣接しての女性の権利擁護事務所の設立。
（11）油などの食料品で釣って女子を国立学校に誘う一方で、男子にはそれを禁ずること。十字軍の西洋がこれらのことを行うのは、女性のためにではなく、アフガン人女性を信仰の天性から逸脱させ、その貞女の性質を歪め、男性か男性もどきにし、子供たちが西洋かインドの映画を見てその価値観や生活様式の影響を受けるがまま家庭を放置するようにするためなのである。

貞節な信仰者の女性は（西洋の）目障りでしかなく、西洋にとっては彼女にはいかなる価値もない。それどころかそのような女性は殺し、破壊し、夜陰に乗じて彼女らの家を襲撃し、泣き叫ぶ彼女らの目の前で夫を殺すに値するのであり、彼女は家の爆撃による子供の殺害で苦しめるべきなのである。なぜならば彼女はジハード戦士の妻、あるいはジハード戦士の疑いがある若者の母だからであり、それゆえにその家を破壊するか、助けてと叫ぼうとも彼女は牢屋に引き摺って行くべきなのである。

この問題の本質は、女性のイスラームと信仰との闘いにあり、女性の権利、あるいは彼女らのタリバン、あるいは他の誰かに対する闘いにはないのである。

他方、タリバンの女性に対する見方は、彼らの心中に深く根付いたバランスの取れたイスラームの見方であり、彼らは女性に授乳され養われ、彼女らの庇護の許に育ち、彼女らの愛情の下にイスラーム教育を受けたのであり、それゆえ彼らは自分たちの血と命を捧げて彼女らの名誉と尊厳を護るのであり、彼女らが西洋の悪鬼や東洋のペテン師どもの慰みものになることを望まないのである。

それゆえ彼らこそ女性とその聖法が彼女らに定める権利の真の擁護者なのであり、彼らこそ堕落した西洋の狼たちから女性を守る者なのである。

11. ジハードとその装備

今日、多くのイスラーム団体がイスラームのため行動すると自称しながら、ジハードとアッラーの道における戦闘に対して否定的な立場を取っている。理由はイスラーム的行動における優先順位を彼らが欠いているためであったり、イスラームに対する理解の不足のためであったりする。彼らはそれ（イスラーム）が執り行う一連の儀礼、あるいは様々な機会に読み上げられる祈りの言葉だと考えているのである。あるいはアッラーの御教えに対する忠誠の純粋性が不足しているためであったり、オリエンタリスト的なイスラーム教育を受けたせいでイスラームの理解が歪んでいるためであったり、現世利益や政府の役職を望んで邪神（ターグート：不正な支配者）たちにすり寄ったせいであったりする。あるいは、ジハード、戦闘、負傷、投獄、逃避行、戦闘準備などの辛く厳しい道での困難を耐え忍ぶ情熱を欠いているためである。

また一方で、アッラーの道でのジハードを謳い文句にするがそれをスローガンにするだけで、犠牲を払い戦闘現場に出ることを望まないイスラーム諸団体もある。彼らは政府がそのジハードに目を瞑っており、現世での名声を得られる限りにおいて、時に他人のジハードに「アッラー・アクバル（アッラーは至大なり）」と唱えて拍手を送るだけである。しかし政府がジハードを否定し、それに従事する者（ムジャーヒド戦士）たちに敵対するや、ジハードを口にするのをやめ、その民主主義、人権、過激主義の放棄など腐敗した西洋の宣伝が吹き込んだ諸概念を信仰する市民社会（mujtamaʻ madanī）の中での自分たちの地位を失わないように、「民主主義」政権であれ、世俗王制政権であれ、それへの忠誠を新たにするのである。

他方、タリバンは、現代におけるジハードを行う最大のイスラーム運動なのである。なぜならそれ（タリバン）はアフガニスタンにおいて、不信仰と邪神に妥協しないとの決意で、国際十字軍連合に対してイスラームとムスリムを守るために最も過酷な戦場に踏み込み、その戦場で最も気高い奉仕と自己犠牲を捧げているからである。そして（タリバンは）不信仰者たち（アメリカとその同盟軍）と、昨日まではイスラームとジハードの名の下に隠れていたが、今日ではあからさまに十字架の旗の下に立ちムスリムに敵対して十字軍に協力する彼ら（異教徒の侵略軍）の手先どもと戦っているのである。

それではその（タリバンの）、ジハードの概念とはどんなものか？

現代におけるジハードの必要条件に関する彼らの知識はどうなっているか？

ジハードと戦闘における彼らの目的は何か？

彼らには国際十字軍同盟に対していかなる備えがあるのか？

この（タリバン）運動は、イスラーム世界の他のジハード諸団体をいかに見ているのか？

これらが、世界のムスリムたちが答えを知りたいと切望している問題である。彼らはジハードとそれにまつわる諸問題についてのこの（タリバン）運動の理解について明白に知りたいと願っているのである。アッラーの御許しがあれば本章で我々はこれに答えよう。

（1）アッラーの道におけるジハードについてのタリバンの理解

タリバン運動の考えでは、ジハードとは民族主義的諸目的や、祖国主義（waṭanīyah: patriotism）的利益や、現世の目的の実現のための政治闘争や、軍事的戦争ではなく、まただ祖国主義の邪神（ターグート：不正な支配者）たちがアッラーの啓示でないものに則って統治するようになるために外国の占領から祖国を解放するための戦争でもない。そうではなく（ジハードとは）、アッラーの御言葉の宣揚のため、アッラーの道にできうる限りの力を尽くして献身するアッラーに対する崇拝行為なのである。預言者が「イスラームの頂上」と形容された通り、それはイスラームにおける崇拝行為の最も高貴な形態なのである。

ジハードの語は、単に「戦闘（qitāl）」を意味する「戦争（harb）」と異なり、アッラーの御言葉の宣揚、イスラーム体制の樹立のためのあらゆる種類の努力、尽力を指す包括的な語である。

タリバンの考えでは、ジハードは無目的な戦闘ではない。アッラーの道のためでなければば、ジハードにはならないのである。そうでなければ、「紊乱《びんらん》（fitnah）がなくなり宗教がアッラーのみに帰されるようになるまで彼らと戦え。しかしもし彼らが止めるなら、不正な者たちに対して以外、攻撃はない」（クルアーン2章193節）とアッラーが仰せの通り、その目的は紊乱の撲滅でなければならない。「アッラーの御言葉が至高となるために戦う者が、アッラーの道にあるのである」（ブハーリーとムスリムの伝える伝承）と預言者が言われたように、その目的がアッラーの御言葉の宣揚でない限り、アッラーはそれに満足なさらない。それゆえ利己的、宗派的、民族的目的を少しでも混ぜることなく、アッラーの御尊顔のみを仰ぎ、その御満悦を求めるのでない限り、アッラーはジハードとして受け入れ給わないことは明らかなのである。

それゆえこの意味でのジハードは、実のところは、アッラーの御言葉の宣揚、人々をアッラーの導きに従うことから逸らそうとするあらゆる試み、誘惑の根絶のための継続的な努力なのである。そしてそれは、ムスリム共同体が不信仰者による加害から安全に暮らすことができるようになり、この共同体が世に現れた目的である善の命令と悪の禁止を行うことを誰も妨げることがなくなるまで、不信仰者たちと戦うことなのである。

こうした理解に立って、その初日からタリバン運動はこれらの理論武装の上に立ち上がり、不信仰者たちに味方し外国の利権の実現のために内戦で国土の農業と牧畜を破壊した諸団体に反対して立ち上がったのである。

現代においてジハードが個人義務（※98）となったとの信条。それゆえタリバン運動がそれらの撲滅に立ち上がった時、不信仰の諸国はタリバンが「悪と腐敗の諸団体」と呼んでいたそれらの諸団体（旧ムジャーヒディーン軍閥諸組織）を支持したのである。そして一部の人々は当時、これらの逸脱諸団体に対するこの命名を認めなかったが、後になって、アメリカがイスラームに対する十字軍戦争においてアフガニスタンを攻撃した時にそれらの諸団体のほとんどが十字架の旗の下に立った時に、その（「悪と腐敗の諸団体」との命名）の正しさが明々白々となったのである。

タリバン運動は、この時代においてはジハードが個人義務であると信ずる。現代の殉教者アブドゥッラー・アッザーム師が最も有名な著作『ムスリムの土地の防衛は最も重要な個人的義務』の中で先代と後代の高名なウラマーと現代の宗教の実践と学識において信頼されるべきウラマーから伝えられている特殊な条件下では、ジハードは個人的義務になると

※98 イスラーム法では日課の礼拝やラマダーン月も斎戒断食など、責任能力があるすべてのムスリムが行うべき「個人的義務」と、ジハードやカリフ職のように誰かがその職務を遂行すれば他のムスリムは免除される「連帯義務」が区別される。

いうのがスンナ派の全ての法学派の（一致した）見解であることを明らかにした。それは以下の通りである。

① いかなる国であれ、不信仰者がムスリムの国に侵入した場合。

② （ムスリム軍と異教徒軍）両陣営が対面し、軍隊が出合った場合。

③ イマーム（カリフ）が名指しの個人であれ集団であれ（ジハードに）召集した場合、彼らには出征が義務となる。

④ 不信仰者がムスリムの集団を捕虜にした場合。

先代と後代（のウラマー）が上述の状況のいずれか一つでも生じた事態においてジハードが個人的義務となることに合意している以上、これらの全てが一時に出現しているというのに、現代においてジハードが個人義務とならないことがいかにしてありえようか。というのは、不信仰者たちが侵略軍として多くのイスラームの土地に力ずくで押し入り、何十年も前に両軍の間で戦端が開かれて日を追うごとにその激しさを増しており、ユダヤ教徒やキリスト教徒や共産主義者などの不信心の侵略者たちの襲撃からの防衛のために正当なムスリムの司令官たちが、東でも西でもムスリムたちを召集しているからである。またムスリムの捕虜についても、数千人のムスリムが不信仰者の獄中にあり、アッラーをおいて助ける者とてないのであると言ってよい。

そしてアフガニスタンでのジハードは、国際的な不信仰の首魁アメリカの指揮下に全ての十字軍国家が国際的同盟を組んで集合し、イスラーム首長国を崩壊させ、その地を武力で占領しているために、あらゆる義務の中で最も重い義務となる。

国連の承認を根拠にアメリカのアフガニスタン攻撃を認める者は、別種の重大な不信仰に陥っている。それはアッラーの啓示以外に裁定を求め、邪神（ターグート：不正な支配者）の裁定に満足することである。疑う余地なく国連は不信仰の行政府であり、不信仰の大国の利権を守るために創設されたことは確かである。したがってイスラームの聖法に反しイスラーム世界に恥辱を与える国連決議の裁定に従うことは邪神の裁定を求めることであり、イスラーム共同体の死命を制する問題において、不信仰に満足することなのである。

それゆえ現代においては武装ジハードは個人的義務であるだけでなく、加害と屈辱から自己を守るための、虐げられた者の本能的で自然な不可避の反応なのである。なぜならば西欧は、イスラーム世界に防衛力があるのを見ない限り、我々への攻撃、我々の政府の転覆、我々の国の占領、我々の教育法の改変、彼らの不信心の物質文化を我々に押し付けることを止めようとしないからである。

ムスリムたちが今日、西欧からこうむっている扱いは、ムスリムに対する陰謀、資源の強奪、諸民族への侮辱、土地の占領、都市の焼き討ち、ムスリムの頭上に何百万トンもの爆薬を降らすこと、ムスリムに敵対するユダヤ教徒に対する国際的な支持、ムスリムの土地へのキリスト教と無神論の布教、悪人どもと背教者たちをムスリムに対する支配者の地位につけること、アッラーの宗教とそのシンボルに対する戦い、イスラーム世界の不信仰の少数派への国際的な支援である。それに加えてイスラーム共同体の中のムジャーヒド（戦士）と義人たちと戦い、彼らを投獄し、イスラーム世界の経済を支配するために植民地主義的な外資企業を導き入れ、秘密裏に、そして公然と犯す何千ものその他の犯罪行為があり、それにおいて戦車や軍用機、正規軍、軍艦、銀行、企業、ムスリムの思想を攻撃して彼らをその宗教と信条から逸らせ、彼らの宗教と来世について知るべき知識を奪うために何千もの教育文化団体を利用しているのである。

そして国連もまたムスリムに敵対する塹壕の中に立っている。カシミール、パレスチナ、チェチェン、キプロス、アッサムなどで生じている旧来の問題において、国連はムスリムに対する不正しか見出さないのである。

ムスリムたちはこれまでに、自分たちに加えられた不正を取り除こうとあらゆる方法を試みてきた。妥協、関係正常化、追従、不信仰者たちとの政治的、軍事的同盟関係の締結、不正な西欧諸国との同調、民主主義、世俗主義、民族主義、共産主義などの社会生活の様式、すなわち彼ら（西洋の）不信心の物質的イデオロギーの受け入れなどである。にもかかわらず彼ら（ムスリムたち）に加えられた不正が取り除かれることはなかったばかりか、それはむしろ日が経つにつれて増していった。その結果、ムスリムは「おまえたちがジハードを怠り、脱法行為で商売し、牛の尻尾に追従するようになれば、アッラーはおまえたちに屈辱を与え給い、お前たちがお前たちの宗教（筆者注：つまりおまえたちのジハード）に戻るまで（屈辱を）取り去り給わない」との預言者の言葉の正しさが実証されたのである。

それゆえ交戦状態にある不信仰者とイスラームの国々にある彼らの権益に対するジハードへの復帰は、イスラーム法上の義務であるだけでなく、ムスリムがこうむっている不正を取り除く、当然で唯一の処置なのである。なぜならば不信仰者たちは交渉も、問題の公正で平和的な解決も認めないからである。

（2）タリバンの考えるジハードの目的の明白さ

タリバンの考えるところでは、ジハードの目標は太陽のように明らかである。それはアッラーの御言葉の宣揚とイスラームのシャリーアの方法論に則ったイスラーム政府の樹立であり、この目標に対していかなる弥縫《びほう》も中途半端な解決も受け入れない。

彼らは名前だけはイスラーム国家であっても実際には世俗国家であったり、他のいかなる名であれ、人間の我欲を法としたりする国家を認めはしない。それゆえ彼ら（タリバン）は彼らの政府がアッラーのシャリーア以外に裁定を求めるいかなる機関に参加することも認めず、いかなる過酷な試練に見舞われようとも、この立場から妥協しない。この問題について彼ら（タリバン）が認めるのは、真の意味において彼らがイスラーム国家をつくるか、それとも国家が存在しないかのいずれかである。それゆえ不信仰者とも彼らの下僕どもとも、国家の形態についていかなる交渉も行わない。これは既定事項で妥協の余地はないのである。

タリバンはイスラームの教えに対する献身において、共産主義とロシアと戦ったが西洋民主主義に同調し、その中に組み込まれムジャーヒド（タリバン戦士）に敵対する十字軍の隊列に立ったかつてのジハード諸組織とは全く異なるのである。

ここから明らかになるのは、その（かつてのロシアと戦ったジハード諸組織の）ジハードはアッラーの御言葉の宣揚のためではなく権力の座に上るためであり、権力の座に就くことが容易な情勢になると、イスラームとそのシャリーアを犠牲にすることになろうとも、ジハードを放棄し、国際十字軍に抱き込まれたのである。

（3）タリバンのジハードの装備

アメリカ、カナダ、イギリス、フランス、ドイツ、オーストラリアなどの十字軍国家の世界の最大最強の国々が率いる国際十字軍同盟に対するジハード、抵抗は困難であり、組織化、作戦、浸透における綿密性を要する。なぜならば侵略国家は強大な軍事的、政治的、財政的、広報的力を有しているのに対して、タリバンはアッラー以外に味方する者がないからである。それゆえ現在のジハードによる抵抗はソ連に対するジハードの時期とは非常に違っているのである。なぜなら今回は（中東・中央アジア・南アジア）地域の全ての国々は十字軍の侵略者になんらかの形で協力しており、資金、物資、人員を供給し、空軍基地や軍事基地の使用を許しているのである。

しかしこれら全ての障害にもかかわらず、タリバンは十全な軍備を行い、効果をあげ成功を収めた方法で抵抗のあらゆる領域で戦力の補給を行っているのである。タリバンは以下の領域で効果をあげ、成功を収める装備を有している。

①財政的装備：タリバンは戦利品、喜捨、浄財、富裕なムスリムの寄付の奨励に代表されるような純国内的な財源、そしてこれらの財源の効率的な運用からジハードの資金調達を行っており、国際十字軍はそのあらゆる物資と手段にもかかわらず、彼らに対する偉大なジハードのこれらの財源を枯渇させることができずにいるのである。
②このことはタリバンが綿密で組織的な財源の管理と処理において優れた能力を有していること、またイスラーム共同体はその不可侵なものを守るためには惜しまず与える者たちであることを証明している。たとえ政府はそれをしなくともである。
③軍事的装備：軍事的装備は、戦闘員と武器の供給、戦闘と防衛の装具の生産、時と場所に応じた戦闘計画の作成、敵陣の目標の設定、宣教の広報、近代戦の訓練などの幾多の領域に関する装備に分類される。
十字軍の広報がムジャーヒド（タリバン戦士）の広報より大規模であるにもかかわらず、ムジャーヒドの広報の方がより強力で広範囲な影響を及ぼしていることをすでに敵たちさえも幾度となく認めているのである。
④文学・文化的装備：文学と文化が心底を動かし感情を喚起し、人々に勇敢な行為、献身、贈与を促す効果的な手段であることに疑いはない。諸共同体は栄光の文化を有し、自由、

自己犠牲、献身の文学を味わう限りにおいて威厳を保つ。

タリバンはアッラーの恩寵によりこの領域においても大いなる装備を有することができた。ムジャーヒド（タリバン戦士）の新世代の装備に役立つ思想、軍事、文学の書物があり、ムジャーヒドたちを戦闘と自己犠牲に向かわせる大いなる精神的戦力とみなしうる最も甘美な声とリズムの5000近くのジハード軍歌がある。

これに加えてこれらの効果的なジハードの文学は、アフガン人の若い世代を十字軍たちがその軍事基地から放送する破廉恥な歌が広める道徳的退廃の蔓延から護る働きをしている。タリバンの野戦指令部の装備は、他の諸組織と根本的に事情が異なっている。この相違の一つが、タリバンの野戦指令部は全員がシャリーアの学問に従事する者であることにある。

彼らはシャリーアの学者であるか、（シャリーア）裁判官であるか、ムフティー（教義顧問）であるか、クルアーンの暗記者であるか、シャリーア学徒なのである。そして彼らがシャリーアの学問に関わっていることは、彼らを逸脱、物質的な誘惑の罠に陥ることから護る諸要因のうちの大きなものの一つとなっている。

アッラーは「このように、ただアッラーを懼《おそ》れるのは、彼のしもべたちのうちのウラマーだけである」（クルアーン35章28節）と仰せになり、アッラーはその書クルアーンの中でこの意味のことを述べ給うたのである。

ウラマー（イスラーム学者）は他の者たちよりもよりよく試練に立ち向かい苦難にあって堅忍不抜であることができる。

また相違の一つに、タリバンにあっては野戦指令部が一定数の個人に集中し、他の者に及ばないわけではないことがある。そうではなく、それは献身と自己犠牲を望む者なら誰でも出入りできる開かれた空間なのである。なぜならタリバンにおける指令部とは、特権でなく、死、捕囚、苦難、試練の覚悟だからである。それゆえ現世よりも来世を選ぶ者だけしかそれに名乗り出ないのである。この美点があればこそ（タリバンの）野戦司令部の周りには献身的な若者が率先して集まり、彼らはその献身と自己犠牲への呼びかけに応ずる愛される人々となっているのである。

（4）世界のジハード運動とムジャーヒドたちに対するタリバンの見解

タリバンは、イスラーム、イスラームの信条、イスラームへの献身と奉献、ムスリムの土地の防衛とアッラーの御言葉の宣揚がムジャーヒドを連帯させている限りにおいて、世界のジハード運動の一体性を信じている。それゆえ彼らの宗教が一つであり、彼らの啓典（クルアーン）が一つであり、彼らの預言者が一人であり、彼らと戦う共通の敵が一つであり、イスラーム政体樹立の夢が一つであるなら、あらゆる場所における国際的不信仰に対して彼らが一体となることを何が妨げるであろうか。彼らが真理と宗教の防衛という課題において協力し、助言しあい、共に耐え忍び、互いに助け合うことを、何が妨げようか。

今日、互いに数え切れないほどの違いがあるにもかかわらず、オーストラリアの十字軍とカナダの十字軍が手を組み、ポーランドの十字軍がグルジアの十字軍と手を組んでいるというのに、なぜ西方のムジャーヒド（戦士）が東方のムジャーヒドと手を組まないというのか。

イスラームとムスリムの土地の防衛の問題はイスラーム共同体（全体）の問題であり、個人や国や組織の問題ではない。それは信条と、ムスリムを一つの共同体とする宗教の問題なのである。「これこそ一つの共同体としてのお前たちの共同体。そして我こそは汝らの主である。それゆえ我を崇めよ」（クルアーン21章92節）。

今日、敵たちはムジャーヒド（戦士）たち全てを区別せず同じように攻撃しており、アッラーの宗教を護る者全てに対して国際的な連合同盟を組んでいる。それゆえアッラーの道のムジャーヒドたちも敵に対して一体となり、相互扶助に邁進しなければならない。そしてそれは「若し彼らが宗教において汝らに助けを求めるなら汝らには援助が課される。ただし汝らとの間に盟約がある民に対しては別である」（クルアーン8章72節）。

タリバンはジハードの戦列の統一に、ここ数世紀の間にかつて例を見ないほどの犠牲を払ってきた。そしてそれは盟約を確実に護り、忍耐と、廉直と、息が長い持続的方法でムジャーヒド（戦士）たちを誠実に助けてきた。

これが現代におけるジハードとその装備についてのタリバンの見方の一側面である。彼らの行動がそれを実証し、彼らの理念が理念だけに終わらないこと、アッラーが愛で給う彼の信仰者である我々からなる確固たる戦列を彼らが創設するように、アッラーが彼らを助け給うことを、我々はアッラーに祈り求める。「まことにアッラーは彼の道にあたかも彼らが堅牢な建物のように一列になって戦う者たちを愛で給う」（同前61章4節）。

（了）

［跋］タリバンといかに対峙すべきか

アフガニスタン内戦との関わりは、１９９２年に遡る。当時在サウジアラビア日本大使館で専門調査員として働いていた私はサウジアラビアのアフガニスタン内戦との関わりを調べていた。そこで知り合ったイマーム・イブン・サウード・イスラーム大学のイスラーム法学部で学ぶアフガニスタンからの留学生で、イスラーム党（ヒズビ・イスラーミー）のリヤド支部代表だったサイイド・ハビーブッラー師にペルシャ語（ダリー語）の家庭教師をお願いし、孤児の生活支援のプログラムに参加したのが始まりだった。当時の主たる関心はイスラーム党であり、タリバンについて知ったのは帰国後１９９４年、汎アラビア語紙 al-Hayat の記事でだったと思う。

イスラーム地域研究者、アフガニスタン・ウオッチャーとして30年にわたってアフガニスタンとタリバンの動向を注視してきたが、２００１年10月7日のアフガニスタン空爆によって始まったアメリカのアフガニスタン侵攻に終止符を打った２０２１年8月15日のタリバンによるカブール無血占領は、アフガニスタン近現代史上の最大の事件であった。

アフガニスタンにとってだけではない。それはアメリカに対テロ戦争の破綻を告げると同時に、アメリカの世界覇権に取って代わろうとする新たな帝国中国の「終わりの始まり」となるかもしれない。

2021年6月16日の時点で『フィナンシャルタイムズ』の社説はすでに「帝国の墓場が中国を呼び招く」と題して「アフガニスタンは、『帝国の墓場』と呼ばれている。アレクサンダー大王、大英帝国、ソビエト連邦、そして今や強大なアメリカもこの精強な国を征服しようとして挫折してきた。そして今や世界の新興超大国である中国は、まだその新帝国主義的プロジェクトが軌道に乗ってもいない間に、同じ罠に陥る危険性がある――中略――北京の「一帯一路」政策のアフガニスタンへの延伸は危険をはらんでいる――中略――このようなミッションはより深みにはまる悪循環に陥りやすい――中略――習主席は、他の帝国と同じ轍を踏まないように歴史の教訓に耳を傾けよ」と警告していた。

しかし中国は他国に先立ち、2021年7月28日に外相にあたる政治委員会議長バラーダル師を団長とするタリバンの代表団を天津に招聘し、王毅外相らが二国間関係の将来を協議した。事実上のタリバン政権の承認であった。

一方、2021年8月24日付『ニューズウィーク日本版』はブラマ・チェラニ（インド政策研究センター教授）の「『パックス・アメリカーナ』はアフガンで潰え、テロと中国の時代が来る」と題する論文を掲載しているが、チェラニは「バイデン米大統領が性急かつお粗末なやり方で米軍撤退を進めた結果、アフガニスタンは敵の手に落ち、アメリカ最長の戦争は不名誉な形で幕を閉じた。この瞬間、以前からほころびが目立っていたパックス・アメリカーナ（アメリカによる平和）と、長年にわたる欧米の覇権は終焉を迎えたと言えそうだ。既に中国の深刻な挑戦に直面しているアメリカにとって、この戦略的・人道的大失態が国際的な地位と信頼性に与える打撃は回復不能かもしれない。アメリカの同盟パートナーは、自分たちが危機に陥ってもアメリカは当てにならないと感じたはずだ。――中略――ベトナムでは5万8220人の米国人（主に召集された兵士）が戦死したのに対し、アフガニスタンで20年間に命を落とした米兵は2448人（全て志願兵）だった。しかし、敗北の地政学的意味合いはベトナム戦争よりはるかに大きい――中略――タリバン政権の復活は他の過激派グループを勢いづけ、世界的なテロの再燃を後押しするはずだ――中略――対照的に中国の利害にとって、世界最強の米軍に対するタリバンの勝利はプラスに働きそうだ。アメリカの敗走はその国力の不可逆的な衰退を際立たせ、（台湾を含めて）中国の強権的拡張主義の対象地域を広げることになるだろう。機を見るに敏な中国が鉱物資源の豊富なアフガニスタンに戦略的進出を図り、パキスタン、イラン、中央アジアへの浸透を強めていくことは確実だ。中国はすでにタリバンを取り込むため、アフガニスタンの統治に必要な2つの要素、外交的承認と経済的支援をほのめかしている」と述べ、タリバンのカブール奪回がアメリカの覇権の終焉を世に見せつけたと同時に、中国の覇権確立に繋がると分析する。

また防衛研究所中国研究室主任研究官山口信宏は、タリバンのカブール制覇についての中国の見方を「中国の認識は、チャンスと不安の入り混じったものとなっており、さらにどちらかと言えば不安感が大きなものとなっている。中国は米国の撤退とアフガニスタン政府の劇的な崩壊を、米国の覇権の衰退を示す新たな証拠であり、また米国式の軍事介入による民主主義国家建設の破綻ととらえ、この点に対して宣伝戦を繰り広げるチャンスを見出している。しかし、現実のアフガニスタン情勢の急激な変化に伴う不確実性が居心地の悪いのもまた事実である。特に過激派やテロリズムが活発化する懸念がある一方で、中国がアフガニスタン内政に介入するには躊躇も大きい」(※99)と分析している。

アフガニスタン情勢は日々刻々と動いており、2021年9月20日現在カブールのタリ

2021年8月31日、タリバンがカブール国際空港を管理下に置き、報道官のザビフラ・ムジャヒドが会見（一列目の右から3人目）

米軍がアフガン撤退完了後の2021年9月1日、会見中にうつむく米国防長官ロイド・オースティン

バン政権の近未来の行方は不透明である。しかし8月26日、13名の米兵を含む60人以上の死者を出した「ホラーサーン地方イスラーム国」による自爆攻撃は、一つの画期となった。それまでは西欧や日本のメディアは、アフガニスタンの情況は言うまでもなく国際常識を無視し、タリバンが凶暴で無法だとの先入観に基づいて、旧悪を裁かれることを恐れ国外逃亡を企てる旧政権関係者らの言葉を裏取りもせず鵜呑みにして、タリバン戦闘員が街頭検問によって恐怖支配を敷いているかのような、悪質かつレベルの低い印象操作に終始していた。

しかし事件直前にテレビ朝日のインタビューを受けたムハンマド・ナイーム報道官は、革命による政変が生じた場合には西側先進国でも半年ほどの非常事態宣言が出されるのが通常であるが、タリバンはアフガニスタン政府の消滅による権力の空白という事態にもかかわらず、非常事態宣言すら発していないという事実を正しく指摘していた。そもそも2001年以来20年にわたってアフガニスタンにおいて占領軍として居座った米軍は、夜に民家を急襲してドアを爆弾を使って押し破り、軍用犬を連れた兵士が土足で上がり込んで鍵がかかった戸棚を銃でたたき割って調べるなどの無法を繰り返しており、それがアフガン国民の怨嗟の的となり、米占領軍を追い出すために戦うタリバンへの支持を生み出したのである。

タリバンの首都制圧以降、欧米の記事の論調は一転した。これまでのタリバンの検問を自由の侵害として非難する論調は一転して、タリバンの治安維持能力への懐疑に変わった。バイデン政権は、空港襲撃の責任をタリバンに押し付け、無根拠にタリバンが自爆攻撃者を招き入れたとの疑いをかけた上で、タリバンによる群衆の制圧と避難民の選別を容認するようになった。はからずもタリバンの検問に対する欧米による非難が、普遍的な自由を守るためなどでなく、欧米の価値観の代弁者たちのショーアップによる、タリバンへの誹謗中傷が自己目的であったことを明らかにした。

いかなる体制であれ検問の目的は、その体制の秩序と治安の維持にある。しかし西欧のタリバンの検問非難への視点には、タリバンの検問の目的が新生アフガニスタンの国民に安全と秩序をもたらすことにあることが完全に抜け落ちている。それゆえアメリカ軍に死傷者が出ると、アフガン国民の治安維持のためには許されるべきではなかった検問も、是が非でもなされるべき義務となるのである。しかもアメリカ軍の命はなんとしても守るべ

＊99　山口信次「中国はアフガニスタンにおけるタリバンの勝利をどう見たか」『NIDSコメンタリー第187号』2021年8月26日（http://www.nids.mod.go.jp/publication/commentary/pdf/commentary187.pdf）参照。

2021年８月19日、国外脱出を求め空港に押し寄せた群衆。機体にしがみつき振り落とされ死亡する者も

きであっても、アフガン人であれば協力者であってもビザを発給せずに済ませアメリカ入国を拒否しても「人権」侵害の罪を問われることはない。

カブール空港に押し寄せた群衆のアメリカへの移住を妨げたのは、検問を行ったタリバンではなく、ビザを発給しなかったアメリカ国務省であり、輸送機にしがみつくアフガン人の子供を墜落させ殺したのも、タリバンではなく米軍である。そうした「事実」を虚心に見据えることによって、我々は耳慣れた反タリバンのプロパガンダを疑うことから始めて、従来のアフガニスタン問題の解釈枠組の妥当性を問い直さなくてはならないのである。

ロイターの報ずるところ、タリバンは、アメリカ、日本などどの国であれ、入国ビザを取得したすべての外国人とアフガン人の安全な出国を保証した。こうした記事を読んで思

考停止してはならない。タリバンは国民の自由な出国、海外移住を認めている。タリバンを恐れて空港に押し寄せた群衆から移動の自由を奪い、欧米と「国際社会」がタリバンに高圧的に要求しておきながら、自らは基本的人権を蹂躙《じゅうりん》し、ビザを発給しないすべての国々を欧米や日本のメディアはなぜ人権侵害で糾弾、告発しないのか。名古屋出入国在留管理局（入管）でスリランカ女性の留学生が暴行を受けて死亡した事件が問題になっている最中に、牛久入管でもまた警備員による暴行が報じられている。「外国人」だというだけで移動の自由を制限、拘留し、暴行を繰り返す日本政府が、タリバンに「人権」を説く資格があるのか。

カブールでの米兵の殺害に対して、アメリカ軍は撤退期限の2日前の29日、ドローンによる報復を行ったが、子供7名を含む市民10名が死亡した。米軍が輸送機から墜落死させたアフガン人については問題視せず、米兵の犠牲に対する報復のアフガン人の殺害には目標すら確認せずに巻き添え被害が出るのも厭わない。米軍の空爆でこれまで多くの民間人が亡くなっているが、海兵隊がジャララバードで誤って無辜《むこ》の民間人を殺害したことを公式に認めて謝罪した2007年のケースでも、賠償金は一人当たり2000ドルしか支払われていない（※100）。

2021年９月２日、米国のドローンによる空爆で民間人10人が殺害される。下の写真は犠牲となった少女

２０２１年８月19日付の『時事ドットコムニュース』は、「２００２年のタリバン政権崩壊後、民主制に移行したアフガンの政治体制が大きく変わる可能性がある」と書いた。２００１年以来アフガニスタンが移行したとされる「民主制」とは、アブドゥッラーとガニが互いに大統領を名乗った２０１９年の茶番の大統領選挙に基づき、占領軍が撤退を始めるや否や大統領が一目散に逃亡し、政権協力者たちが逃げまどって空港に殺到するという砂上の楼閣の異名に過ぎない。

そもそも金科玉条の如く「民主主義」を言い立てる欧米は、２００１年にアフガニスタンを占領して以来、２００４年の10月まで選挙を許さず、それまで3年にわたって暫定の

傀儡政権を立て、その傀儡政権の手で、タリバンを「テロリスト」として選挙から排除した上で、自分たちに都合のよい候補が通るような制度を作り上げて、選挙を行わせたのである。それはアフガニスタンに続いて軍事占領したイラクでも同じで、2004年にイラクを占領した米軍がイラク国民に選挙を許したのは2006年であり、あらかじめサダム・フセイン政権時代の与党バアス党は解党され選挙から排除されていた。

中東だけではない。日本も同じで第二次世界大戦後、日本は1945年から1952年まで事実上米軍である連合国軍総司令部（GHQ）の占領下にあった。占領下で米軍が日本人に選挙を認めたのは1947年になってからであり、日本国民自身の手による民主化によってでなく、占領軍の軍事力によって財閥解体、農地解放などを一方的に押し進めたのであり、選挙も軍事裁判で戦犯を処刑、公職追放した上でのものであった。

欧米が自分たちの占領下でも何年も認めなかった民主的選挙を、タリバンにはすぐにでも実施を迫るなどという鉄面皮な発想がなぜ生まれるのだろうか。そして欧米の占領下で20年かけて欧米が設計し莫大な資金を注ぎ込んで管理運営してきた民主制が、文字通り「一

※100　Cf., David S. Cloud, "U.S. Pays and Apologizes to Kin of Afghans Killed by Marine", *The New York Times*, 2007/5/9(https://www.nytimes.com/2007/05/09/world/asia/09afghan.html).

夜にして」雲散霧消するのを世界が目撃する中で、どうしてタリバンがそのような愚を繰り返すと思うのだろうか。

２０２１年8月18日にＥＵ欧州委員会内務担当ヨハンソン委員は、欧州では大量の難民・移民流入が警戒されているが、記者、ＮＧＯスタッフ、人権活動家などを挙げ「見捨てることはできない」と強調した。また「女性や少女たちが特に危険な状況にある」と訴えながら、アフガン国内の避難民支援や近隣国と連携し欧州流入を未然に阻止する必要性を主張し、「人々がＥＵに向かうのを防がなくてはならない」と指摘した。

トルコ政府はミシェルＥＵ大統領からのアフガンのＥＵ施設雇用者の受け入れ要請を、ＥＵ加盟各国がわずかしか引き受けないのにトルコに期待されても無理だとエルドアン大統領が拒否したことを公表した。エルドアンは21日のメルケル独首相との会談でも、トルコにはすでに５００万人の難民がおり「これ以上の負担は支えきれない」と訴えていた(※101)。

タリバン政府は、全てのアフガニスタン人は安全であると明言し、ＥＵが拒否した全てのアフガニスタン人の受け入れを表明している。アフガン人が危険にさらされていると認識しながら、彼らの移民を拒否するＥＵは、彼らが標榜する「人権」であるアフガン人の「移動の自由」を蹂躙しているのみならず、生存権すら否定しているのである。

むしろ問われるべきは、一人当たりＧＤＰが4万5千ドルを超え、ＧＤＰが16兆ドルという富を有しながら、危険な状況にあるアフガン人の移動の自由を奪い生存権を認めないＥＵに人類の平等、普遍的人権を口にする資格があるのか、である。

そしてすでに３７０万〜５００万人もの難民を抱え一人当たりＧＤＰが１万ドルにも満たず、ＧＤＰも７０００億ドル強のトルコに、隣国ですらないにもかかわらず同じムスリムの国だというだけでアフガニスタンの難民を押し付けようとするＥＵに、ムスリムがＥＵのような政治的統合を目指すこと、すなわちカリフ制の再興を目標に掲げる政治運動を「原理主義」、「過激派」として非難することができるのか、を問うことなのである。

またカブールが陥落するや否や世界のメディアは、アフガニスタン人たちがタリバンの芸術の弾圧や女性の権利の抑圧を恐れ、夢を奪われているように書き立てた。しかしフランスの思想家ルネ・ジラール（２０１5年没）によって広く知られるようになったように、人間の欲望は生得的なものではなく、他の人間の欲望の模倣によって生まれる。これらの

※101　エルドアンは8月20日の記者会見で30万人のアフガン人がすでにトルコに流入していることを明らかにしている。「エルドアン大統領、アフガン難民に『門戸は閉ざさないが１５０万は虚言』」『Hurriyet』紙２０２１年08月20日（http://www.el.tufs.ac.jp/prmeis/src/read.php?ID=51500）。

メディアが書き立てる芸術、自由恋愛などの「夢」は、20年にわたってアフガニスタン復興支援の名の下に国際機関とアフガニスタン政府とが「ぐるになって」何兆ドルにも及ぶ莫大な富を食い潰して行ってきた「事業」の一環、未開で野蛮なアフガン人を啓蒙する活動として、アフガニスタンの社会の実情を知らずその伝統文化への敬意も持たない者たちが、自分たちの価値観を投影して彼らに押し付けて吹き込んだ幻夢、蜃気楼に過ぎない。

20年にわたって外国軍の支配の下で復興援助のおこぼれに与れたのは傀儡政権の要人たちと占領軍や国際機関にアクセスできる一握りの都市の欧化エリートだけであり、村落の伝統社会の住民たちは取り残され、ますます社会経済的に周縁化され貧困化したばかりか、遅れた田舎者として文化的にも疎外され蔑ろにされてきた。

そしてそうして疎外された地方の住民の不満が、もともと南部のパシュトゥーン人を基盤としたタリバンがタジク人、ウズベク人、ハザラ人が多数を占める北部、西部にも浸透し、カブール攻略前に、またたくまに全土を制圧した主たる原因だった。

そしてこれらのメディアはこの20年にわたって「対テロ」戦争を口実にアフガニスタン政府の腐敗を隠蔽し正当化し、政府の「反テロ」キャンペーンに加担し、タリバンを誹謗中傷するばかりか社会の分裂を煽ってきたのである。メディアが報ずるところのタリバンの支配にパニックに陥り、夢破れて逃げまどうアフガン人たちを生み出した責任は、アメリカ軍が彼らを見捨てて逃げ出すことと、腐敗した政府が彼らを守らず瓦解すること、すなわち外国の占領行政の失敗とアフガン政府の破綻国家の真相をアフガン国民に知らせず、欧米追随とタリバンに代表されるアフガニスタンの伝統社会へのネガティブキャンペーンに終始したマスメディアが担わなければならない。

西欧や日本のメディアが今なすべきことは、これまでのように偏ったインフォーマントにだけ頼ってヒステリックに従来の反タリバン・ネガティブキャンペーンを続けてアフガニスタン社会の分断をますます助長し、タリバン政権への反乱を扇動することではなく、これまで狂信的なテロリスト、無知蒙昧な田舎者として誹謗中傷するか、あるいは黙殺してきたタリバンに共感する市井のたちの声にも耳を貸し、今度は彼らの声を伝えることであろう。

筆者も2011年に訪問したカンダハルのカレーズの会のカンダハル診察所からは、戦闘が終結した8月13日以降、紛争による死者や負傷者もなく日常の生活は落ち着きを取り戻し、一時停められていた電気も復旧し、インターネット、携帯電話も繋がるようになったと知らされた。診療所では、女性スタッフも出勤し、夜間の出産介助を含めた通常の活動を継続し、女性・子供を含め多くの患者が診療に訪れているとの写真入りの報告がウェブサイト（https://www.karez.org/）に公開されている。

またペシャワール会もタリバンが政権を掌握して以降、全ての事業を一時中断していたが、診療所や農業事業を9月2日までに再開している。そして用水路事業についても再開すべく、タリバン幹部と協議を進めており、村上会長は「タリバン＝テロ組織＝人権無視の構図が浸透してしまっている。アフガニスタンの実情を直視して、貧困層こそ手を差し伸べる対象なんだ」と、タリバンへの制裁ではなく、人道支援の必要性を訴えている。タリバンの指示で中村医師の肖像画が塗りつぶされた問題についても村上会長は「個人崇拝を嫌うイスラム教文化からすれば当然のことであり、中村医師の否定ではない。文化の違いを理解して欲しい」と述べ、異文化への無知からくる偏見を戒めている（※102）。

また、国際赤十字カンダハル事務所の藪崎拡子副代表は、タリバンの実権掌握以降、紛争が収まり、タリバンと継続的に対話をしながら活動を続けている。しかし現地では食糧などの物資不足が深刻になっているほか、現金不足や物価上昇にも直面しており、医療品や水など全てが足りず今後数か月で多くの人が生死の瀬戸際に立たされるとの見通しを述べ、国際社会に対して「支援を止めてはいけない」と訴えている（※103）。

国連難民高等弁務官事務所（ＵＮＨＣＲ）がこれまで腐敗した政府を相手に莫大な支援金を浪費し、必要な者の手には届けてこなかったことはすでに述べた。そのＵＮＨＣＲでさえ現地に残ったスタッフは、今最も望まれているのは治安の維持、それから仕事の確保、銀行の再開、清潔な水、移動の自由であり、学校や生命の危機に瀕している者への食料物資などの提供をできる限り行いたい、と述べている（※104）。

アフガニスタンでは人口の半分ちかくの約１８００万人が人道支援を必要としているが、国連は２０２１年９月13日、アフガニスタン支援のために12億ドル（約１３２０億円）以上

※102　「福岡のＮＧＯ・ペシャワール会　アフガンでの支援再開　中村哲医師の遺志継ぎ」『テレビ西日本』２０２１年９月９日（https://news.yahoo.co.jp/articles/df35f93b280f1556dab362ed1eaaad1614cf9968)。またタリバンのスハイル・シャヒーン報道官は朝日新聞の電話取材に応じ、中村哲医師の殺害事件についてタリバンの関与を否定し、「(中村氏は米軍などの）占領者とは異なる立場で活動し、我々はそれを歓迎してきた」「人々のため、国づくりのために尽くした特別な存在だった」と死を悼み、「慈善活動や復興事業を続けられるようＮＧＯと協力し、安全確保に努める」と述べている。乗京真知「『中村哲さんは「特別な存在」』『朝日新聞デジタル』２０２１年９月13日（https://digital.asahi.com/articles/ASP9F5HCGP9FUHBI00H.html）参照。

※103　「アフガン物資不足深刻、赤十字職員『国際支援継続を』」『日本経済新聞』２０２１年９月10日（https://www.nikkei.com/article/DGXZQOGR10BNV0Q1A910C2000000/）。

※104　百武弘一朗「武装勢力タリバンが政権を掌握したアフガニスタンで、今も現地にとどまり人道支援活動を続けるＵＮＨＣＲ（国連難民高等弁務官事務所）の日本人職員」『Feuture』２０２１年９月９日（https://www.fnn.jp/articles/-/237534?display=full）

を拠出することを確約し（※105）、また9月14日加藤官房長官は日本も新たに保健、食料、農業、教育などに70億円の支援を行うと述べ、すでに22億ドル支援した2021年中にアフガニスタンに対してさらに2億ドルを支援する用意があると表明した（※106）。

アフガニスタンへの緊急人道支援が決まったことは取りあえず喜ばしいが、今、本当に必要なのは、現実と遊離した自分たちの価値観を押し付けることではなく、輸出入、銀行送金の停止、旱魃、失業、新型コロナ禍などの目の前にある問題への対策である。それは恩恵として与えられるようなものではなく、これまでアフガン人の人権を抑圧し、占領軍に対するレジスタンス運動を「テロリスト」と呼んで殺害し、復興支援の美名に隠れて北部同盟の残党たちと共にアフガニスタンを食い物にし破綻国家化させてきた国際社会がなすべき贖罪であることに、我々は気づかなくてはならない。欧米や日本のメディアは報じないが、アフガニスタンの銀行システムを破壊し人々から食料や医薬品を奪い人道危機を悪化させている中央銀行の資産95億ドルの凍結解除をアメリカやEUに求める大規模なデモが、2021年9月25日にカブールなどで行われた。その映像がアフガニスタンのSNSにはあふれている（※107）。

そうであるなら、これから我々がなすべきことは、これまでの過ちを繰り返し、自分たちの価値観でアフガン人を一方的に裁く記事を書き続けることでは決してない。大切な伝統と聖なる宗教を侮辱する外国の占領軍を追い出してアフガニスタンの真の独立を達成するために命を捧げる戦士になる夢を語る男の子、愛する父母が選んでくれた婚約相手と、親族・隣人たちから祝福されて幸せな家庭を築く結婚を夢見る女の子の声をも報ずることであろう。

問題は個々の事件ではない。あらゆる問題において、欧米などの「先進国」の人間とアフガン国民に別の基準が適用されていることであり、さらに問題なのはそのことが当然視され、そのようなダブルスタンダードの適用を可能にしている現行のシステム自体の不正を疑問視させず思考停止に陥らせる洗脳なのである。それこそが地下資源、資本、情報、そして「高学歴」で「生産性」が高く「西欧的価値観」を身につけよく調教された「人的

※105　平田前掲「アフガン支援」『産経新聞』２０２１年9月10日、「国連で会合　アフガン支援に約１３００億円超の拠出を決定」『スプートニク日本語』２０２１年09月14日（https://jp.sputniknews.com/world/202109148690116/）参照。

※106　「アフガン支援、本年中に2億ドル実施の用意ある」『Reuters』２０１４年９月14日（https://jp.reuters.com/article/2-idJPL4N2QG1ZH）

※107　(E.g. https://twitter.com/MohsinAmin_/status/1441362497043267586?s=20, https://twitter.com/WorldBreakingN9/status/1441566249406894080?s=20, https://twitter.com/pnews360/status/1441432997689839623?s=20, https://twitter.com/najm_af/status/1441629273052233735?s=20).

資源」を先進国に吸い上げる一方で、そうでない人間を貧困とともに「未開」な「後進国」に隔離し、視野から遮断する「領域国民国家システム」なのである。アフガニスタンにおけるタリバンの復権と米軍の撤退をめぐるカブールのカオスは、制度疲労を起こし機能不全に陥った領域国民国家システムの断末魔の戯画である。

タリバンの復権が長期的にアフガニスタンとその周辺国だけでなく全人類の運命を左右する地政学的、文明史的な出来事であることは間違いない。しかしそれは欧米のメディアが書きたてるような、アフガニスタンが「テロ」の温床になり世界が不安定化する、といったような紋切り型のプロパガンダにあるようなものではない。

それは全ての問題を「外部」に押し付けることで、その犠牲の上に成り立ってきた「秩序」、「平和」、「安定」などの口実の下に維持されてきた欧米の覇権、既得権を守るための偽りの不正なシステムの綻びが繕い難く顕在化し、より人倫にかなった新たな安定を目指して再調整するフェーズに入ったことを示している。

しかしソ連の崩壊以来の現代史の激動を思い起こせば分かるように、人類の運命が覇権国の政策決定者たちが夢想した通りに決まっていくわけではない。我々の未来には多くの選択肢が分岐している。

西欧の世紀であった19世紀、西欧の自滅とアメリカの覇権の20世紀が終わり、21世紀は中華、インド、東欧ロシア（正教）、イスラームの文明の再編と帝国の復興の時代となる。それが既得権を手放さないために自分たちに有利にできあがった旧システムの維持に汲々とする欧米先進国と、より大きな分け前を得るために、過去の帝国の栄光の復興を夢見て後発の新参者に有利にゲームのルールを変えようと謀る中国、ロシアなどの地域大国が、利害打算で地域ブロック化して離合集散する、精神性を欠く浅ましい弱肉強食の世紀になるか、それとも多民族、多文化、多宗教が共存する知恵を育んできた長い歴史を有するそれぞれの文明に、再び命を吹き込むことで甦った新たな「帝国」が共存する未知の可能性が開花する時代になるかは、我々の決断にかかっており、「文明の活断層」、「帝国の墓場」アフガニスタンに復権したタリバンといかに対峙するかは、その最初の試金石になる。筆者はそう信じている。

［解説］

欧米諸国は、タリバンの何を誤解しているのか？

内藤正典

8月15日

1945年の8月15日、日本はアメリカに敗れ、2021年の8月15日、アメリカはタリバンに敗れた。この日の朝、タリバンは、アフガニスタンの首都カブールを包囲した。そして夕方には、カブール市内に入り、ほぼ全土を制圧した。首都決戦かと思いきや、政府軍の治安部隊は、何の抵抗もせず消えてしまい、カブールは無血開城となった。

ガニ大統領は行方不明となり、数日後に、アラブ首長国連邦に逃亡したことが明らかになった。アメリカとNATO加盟国の軍隊は、カブール国際空港しか居場所がなくなった。そこから、自国の外交官、市民、アメリカとNATOに協力したアフガン人を退避させる作戦が始まった。

8月15日には、軍のヘリコプターで市内から空港への輸送が行われた。その様子を見て、かつてのベトナム戦争を記憶する人は、誰しも、南ベトナムのサイゴン陥落の映像を思い浮かべた。アメリカ政府は、この比較がひどく不満だったらしく、わざわざ、サイゴンとカブールは違うと政府報道官が繰り返したほどである。

日を追うごとに、カブール空港に殺到する市民は増え、飛び立つ飛行機に縋り付いて落下し、命を落とす人まで出た。アメリカやNATO加盟国から入国許可やビザを得ている人だけが空港に入れるようになり、多くの人は外で待ち続けたものの、アメリカが何とかしてくれるという期待は裏切られた。

そして8月26日、カブール空港周辺で大規模な自爆テロが発生した。死者は180人余りに及んだ。「ホラーサーンのイスラーム国」が犯行声明を出しアメリカも断定した。アメリカは空港周辺でテロの脅威があると警告し、8月24日にはCIA長官がアフガニスタンを訪れてタリバンの代表と会談しているから、退避のオペレーションだけでなく、当然、テロ対策も議題となっていたはずである。

アフガン政府軍は、なぜ戦わなかったのか？

アメリカのバイデン大統領は、この混乱に対して、アフガン政府軍が戦わずして逃げてしまったことを非難した。アメリカ軍が撤退に入った5月あたりから、タリバンは次々に地方を制圧したが、実際、大きな戦闘は起こらなかった。

振り返ってみると、8月15日、タリバンはカブール市を包囲したが、市内には進軍しないよう指示されていた。推測だが、撤退期限の8月31日まで、市内の警備は政府側が行うことになっていたのではないだろうか。ところが、政府の治安部隊が消えてしまったため、タリバンが秩序維持のために市内に入り、市民はパニックに陥り、NATO加盟国は、大慌てで大使館を撤収し、空港で協力者へのビザ発給を続けることになった。

バイデン大統領の発言は、そのあたりの苛立ちをぶつけたのだろうが、随分、アフガン人をないがしろにするものだった。アメリカと同盟国は、遅かれ早かれ、アフガニスタンを去る。タリバンは、アメリカ軍を侵略者とみなしているから、追放するまで戦うという姿勢は一貫していた。対するアフガン政府軍は、アメリカ軍の空爆があったからこそ、何とか持ちこたえていたのであって、空軍の援護がなくなると、決死の覚悟で迫ってくるタリバンと戦えなかった。

政府軍兵士も、反タリバン側の軍閥の民兵も、貧しい農村の若者が中心だった。彼らは、給料のために兵士になり、その金で家族を養っていた。戦死しては元も子もない。戦わずして逃げたのは、彼らとその家族にとって正しい選択だったにすぎない。

そして、政府軍の兵士はアフガン人である。実際には、さまざまな民族がいるが、アフガニスタンの国民である。対するタリバンの側もアフガン人である。バイデンの政府軍批判の問題は、ここにある。彼は、アフガン人同士で戦えと言った。いずれ米軍が去った後、アフガン人同士で殺しあったことが、アフガン社会にどれだけの傷を残すかを全く考えていない。その傷は、必ず復讐を生み、際限のない暴力の応酬をもたらすことになる。この点でも、戦いを放棄した政府軍の判断は正しかったのである。

もう一つ。これは外国メディアも報じていたが、政権の腐敗、軍閥の不正蓄財があまりにひどかった。多数の幽霊兵士に給与を支払っていたなど、およそ統制を重視すべき国軍としてあるまじきことだった。そんな軍隊が、政権のトップだったガニ大統領のために命を差し出して戦うはずはなかった。

アメリカと同盟国は、アフガン人の眼にどう映っていたか?

私たちが、欧米の報道に接してきたことで、最も見誤ったのがこの点である。タリバンにとって、アメリカとNATO同盟国は最初から最後まで侵略者であり占領者であったのである。2001年の10月に、アメリカと同盟国は軍事侵攻によってタリバン政権(アフガニスタン・イスラーム首長国)を追放し、カルザイ大統領による傀儡政権を立てた。これによって、アフガニスタン・イスラーム共和国という国名に変わった。

タリバンは政権から追放されたが、消滅などしていなかった。兵士たちは故郷の村に戻って農民になり、あるいはパキスタン側の拠点に移って反攻の機会を窺っていた。元はイスラム神学校の学生(タリバン)の組織から出発したが、この二十年で、理工系や情報系の教育を受ける若者も加わった。メンバーの幅は広がったが、彼らのアメリカと同盟国に対する見方は、一ミリもぶれていなかった。侵略者・占領軍である彼らを追放することが、共通にして最大のジハードだったのである。

では、タリバンではないアフガン人にとって、アメリカは解放者だったのだろうか？カブール陥落の混乱が始まってしばらく、SNS上には、救援を求める若い女性、男性の声が溢れた。自由が奪われる、人権が奪われる、欧米諸国や日本のメディアは、英語で話す彼らの悲痛な声ばかりを報じた。このため、外の世界では、悪魔のごときタリバンが女性の人権を抑圧し、自由を奪うという90年代のネガティブなイメージが再現されることになった。彼らにとって、確かにアメリカは解放者であり、初めて「自由」を与えた存在だった。

特にカブール市民の場合、この二十年、タリバンの姿を見ていない。アメリカ軍などが膨大な費用をかけて厳重に守っていたからである。そのため、突然、アメリカ軍が消え、タリバンが目の前に現れれば、パニックに陥るのも当然だった。

だが、アフガニスタン全国でいえば、タリバンでなくてもアメリカが解放者だとはいえない。なぜなら、欧米諸国の支援で成立したアフガニスタン・イスラーム共和国は、国民のあいだの格差、地方農村の貧困、都市と農村の格差のいずれも解消しなかったからである。しかも、政権とその周辺の軍閥や部族長たちが欧米諸国からの援助の受益者だった。莫大な資金を懐に入れてしまったのである。多くの人びとにとって、外国は軍事力で自分たちの国を破壊する存在だった。

カブール空港の大混乱と退避

もちろん、90年代のタリバンの統治が厳しすぎたことは間違いない。その恐ろしさを記憶している世代の人、そして、それを彼らから伝え聞いた若者たちは、タリバンの復活に心底怯えていた。

駐留軍の通訳や情報収集に協力したアフガン人は、当然、タリバンの敵だったから、彼らが恐怖を抱いたのは当然である。タリバンは、早々に、彼らに復讐はしない、協力者の名簿など忘れたと言明したが、誰もそれを信じなかった。

そして、アメリカとＮＡＴＯ諸国は、いち早く彼らを救出することを決めた。だが、若者たちや以前のタリバン政権時代を記憶する人びと全てを退避させることはできなかった。貧しい若者は、協力者をアメリカやヨーロッパに退避させると聞いて、豊かな国に行って夢を実現する千載一遇のチャンスと考えた。だから彼らもまた、空港に殺到した。

だが、アフガニスタンの人口はおよそ４０００万人、アメリカの救出作戦で10万人ほどが脱出したとしても、大多数は国に残った。一般のアフガン人にとって、誰が政権を取ろうと、アフガニスタンから離れることはできない。彼らから見れば、外国に逃れた人は「アメリカ軍やイギリス軍と一緒にいたから一緒に出ていった人」だったのである。

一方、欧米諸国や日本のメディアは、アフガニスタンから逃れる人たちをどうとらえていたか？　ここは、将来のアフガニスタンを考える上で重要なポイントになる。欧米の報道では、タリバンの魔の手から逃れてきた人びとを受け入れる責任があり、歓迎する声が大勢を占めていた。

だが、その裏には、二十年にわたってアフガニスタンに駐留しながら、最後にはタリバンとアメリカの直接交渉で撤退を決めたうしろめたさがあることを忘れてはならない。他のNATO加盟国とも十分な協議が行われなかったから、イギリスのような同盟国にも不満を残した。

さらに問題なのは日本政府やメディアの報道姿勢であった。タリバンは、日本をNATO諸国のように敵視していなかった。日本がアメリカの同盟国であることは知っているが、アフガニスタン本土での軍事行動には参加しなかったからである。日本の開発援助や技術指導に対しても同様で、敵視する理由はなかった。にもかかわらず、日本政府の対応は、欧米諸国と横並びに自衛隊機を派遣して退避作戦に乗り出し、結果的に失敗した。

欧米諸国のジャーナリズム、特に、リベラルと評価されるメディアでさえ、可哀そうなアフガン市民を救えというキャンペーンを展開した。彼らは、自分たちの国がやってきたことを「侵略」であるとも「占領」であるとも認識していなかった。保守派のメディアは、アメリカのために共に戦ったアフガン市民を見捨てるなと主張し、リベラルなメディアは女性の人権を抑圧するタリバンからアフガン女性を救えと主張することで、共に、アフガニスタン駐留の二十年がアフガン人にとって何だったのかを顧みようとしなかった。

最後の最後に、この矛盾を象徴する悲劇が起きた。ホラーサーンのイスラーム国（IS－K）によるカブール空港での自爆テロは180人余りの犠牲者を出す大惨事となった。撤退期限の二日前にアメリカがIS－Kに対して行った二度目の報復攻撃は民家を直撃し、7人の子供をも含む10人を犠牲にした。アメリカがいかに女性や子供の人権を主張しても、ミサイルは女性も子供を避けて落ちはしないのである。

なぜ、民主主義を拒否するのか？

アメリカに限らず、欧米諸国の報道にせよ、研究にせよ、タリバンへの評価は否定的である。批判の焦点を絞るなら、それは第一に民主主義の否定、第二に女性の人権の否定である。

民主主義の否定について、タリバン側も、今後は民主主義の場はないと言明している。それをとんでもないと決めつける前に、彼らのロジックを知らなければならない。本書でも論じているので、ここでは、そのエッセンスを紹介する（以下、本稿は解説なので、本書第Ⅱ部からの引用によるところには引用箇所と引用符をつけていないことをお断りしておく）。

●イスラームは、人間生活の全ての次元を包摂し、全ての問題を処理する宗教である。

これは、タリバンであろうとなかろうとイスラームの本質を示している。全てを処理できるということは、法の体系だということである。イスラームという宗教そのものが、シャリーア、すなわち「聖法」なのである。これに対して民主主義とはタリバンによると次のようになる。

●民主主義はアッラーの主権を否定し、多数決の形で地上の至上権を人間に帰属させる。
●多数派が法を制定し、合法と禁止を定める権限を持ち、多数決で支配者を選ぶ。

従って、民主主義は、イスラームの法の体系、すなわち聖法シャリーアを否定するものだというのである。イスラームでは、主権はアッラー（神）の手にあり、人間の手にはないから、そもそも民主主義と共存の余地はないとタリバンは言う。

●民主主義は、キリスト教会が堕落し、人権を蹂躙した後の近代西洋の哲学者が作った宗教である。

タリバンによる民主主義の問題とは、第一に「主権原理」の問題であり、第二に「権利と自由」の問題である。

●民主主義は、人間より上の主権を認めないが、これはモノとヒトと状況に対する特権的多数派の見解から生じた絶対的権力である。

●他人の自由を侵さぬ限り、自分の欲するところを行う自由があり、いかなる聖法も宗教もこの自由を侵すことができない。
●民主主義には信仰者も不信仰者もなく、全ての権利において人間の完全平等があるが、善とは多数派が善とみなすものであり、悪は多数派が悪とみなすものであって、宗教がそれを認めるか否かとは無関係である。

これらをみると明らかなように、タリバンは民主主義を知らないわけでも、誤解しているわけでもなく、民主主義が自分たちの原理とは全く違うと主張しているのである。つまり、タリバンの思想のもとになっているイスラームと西洋の民主主義の間には接点がない。ここがタリバンを評価する際に、最も重要な点である。そして、この原理的な違いは、統治の原理にも反映される。

こう言うと、イスラーム世界にも、民主主義を理解している人はいるし、ある程度民主主義を実現している国もあるではないか？　タリバンの思想が、過激な「原理主義」であるに過ぎない、という反論がムスリムからも上がる。

ムスリムの実態からすれば、その通りである。ただし、過去四十年ほどの間に、明らかに西洋との妥協を拒む信徒が増えたことも事実である。なぜ、増えてきたのかは、タリバンが主張する「侵略と占領の歴史」のなかに一つの答えがある。

●民主主義の制度は、西洋の占領者がイスラームの国に移植しようとし、一つの国のムスリムを分裂させるために使った政治的多党制である。

つまり、私たちが民主的政治制度の根幹だと考えている多党制というものは、党派、集団が権力の座を目指して互いを騙し、争うもので、ムスリムを分裂させる手段だというのである。西洋的な視点から見ても、この理解はさほど間違っていない。それでも私たちは民主主義を支持するが、タリバンは、これを拒否する。

それはなぜか？　タリバンは民主主義がムスリムを分裂させると言う。イスラームでは、信徒の共同体は「一つ」である。現実の政治ではイスラームが誕生して間もなく諸国家に分裂してしまうのだが、それでも理念としては「一つ」であり、「一つ」になろうとするのである。

タリバンは、アフガニスタンの地で、二十年にわたる占領軍の統治を排除したことによって、ようやく「一つ」になることが実現できると確信している。カブール陥落後に報道官が、「民主主義はない」と明言したのも、ようやく社会を分裂させ争わせる諸悪の根源としての民主主義を根絶できるという希望に満ちた一言だった。逆に、欧米諸国は、あの一言に絶望と嫌悪しか感じなかった。

しかも、タリバンが民主主義を拒絶するのは、単にイスラムの原理に従ったからではない。そこには、過去二世紀にわたるアフガニスタンへの侵略と占領の歴史が色濃く投影されている。そして、タリバンに限らず、中東や北アフリカでも、植民地支配に抵抗する人びとが、同じように、イスラームのジハードを闘ってきた。そこからも、タリバンと同じように、民主主義を拒否する動きが出てきたのである。

●唯一神信仰（タウヒード）の上にムスリムを統合する単一の公正なイスラーム政体を樹立する。

これは、タリバンが樹立を目指してきたアフガニスタン・イスラーム首長国の本質である。

●侵略者、占領者が、その植民国家のなかで、巨額の投資をして育てた無宗教の世俗主義者や民族主義者は、イスラームとシャリーアに照らせば何の価値もない。

アフガニスタンのムスリムにとって、最初の無神論者は共産主義政権とそれを支持するために侵略したソ連軍だった。ソ連によるアフガン侵攻は1979年から十年続いたが、結局、ソ連軍は敗走し、ソ連自体が崩壊した。共産主義者による殺人、拷問、追放、宗教への冒瀆によって、ムスリムの共同体からイスラームを取り上げたことを決して忘れないとタリバンは言う。

そして、共産主義の次に現れたのが、アメリカ率いる西洋のリベラル・デモクラシーだったのである。タリバンにとって、リベラル・デモクラシーは、アメリカとNATO軍の空爆によってもたらされ、ムスリムを虐待、拷問することで移植されたのである。

この歴史認識は、実はタリバンだけでなく、多くのアフガン人にも共有される。当初、自らをタリバンの冷酷で苛烈な支配からアフガン国民を解放する存在とアピールしていたアメリカと同盟国軍が、幾多の誤爆で住民の命を奪い、その権利を蹂躙したことは否定しようがないからである。

女性の人権をめぐる西洋との断絶

タリバンと欧米諸国の見解が明らかに異なるのは、女性の人権をめぐる理解である。タリバンは自分たちの女性観が、西洋ではひどく評判の悪いものであることを承知している。西洋のメディアが、アフガン女性は不正に監禁され、人権を奪われ、自由を制限され、社会的な営みから排除され、教育と労働の権利を妨げられていると報じていることを理解しているのである。

その上で、これらの評価は、無神論による西洋の基準と価値観という汚れた視点でアフガン女性を見ているものとして完全に拒絶する。そして、タリバンが1990年代後半に、アフガン女性の西洋化を進める運動を断固として阻止したために、「不信仰世界全体の憎悪」の的になったことも承知していると言う。

●タリバンの思想では、ムスリム女性は宗教における男性の姉妹同胞であり、真のイスラームが両性に課した聖法の義務において完全に平等である。

ここで注意しなければならないのは、「聖法の義務において」の部分である。これは、西洋や日本で言うところのジェンダーフリーを前提にした平等を意味しない。イスラームが男性と女性に異なる義務を課しているので、各々、「神から義務を課されているという意味において」平等だと言っているのである。そして、義務の内容は同じではない。

●女性の地位とは、尊敬される母、大切な姉妹、気高い娘、貞淑な妻であり、いずれも尊敬される。

●女性は奉仕され、男性は奉仕する存在であることにより、女性は男性から区別される。

イスラームの聖法は、女性の養育と扶養、尊厳と名誉の保護を男性の責任としているから、二つの性の意味が異なるのである。その上で、西洋が無神論的性向によって、イスラームを全面的に拒否するから、女性の善悪に関するタリバンの基準を拒絶するのも当然だと認めている。

ここでも、アフガニスタンのたどってきた歴史に女性を投影する。アフガン女性こそ、何世紀にもわたり、イギリス人、ロシア人、アメリカ人とその同盟者たちに苦汁を飲ませた戦いで、侵略者に屈辱を味わわせた「戦士を生育した」存在だと言うのである。

そして、戦争で戦っても勝てなかった侵略者は、戦略を変えて、女性を造り変えるために傀儡政権を利用して、ムスリム女性の服を脱がせ、彼女たちを宗教規範から逸脱させるように仕向けたと指摘する。この傀儡政権こそ、アメリカ占領統治から始まったカルザイ政権とガニ政権であり、彼らはムスリムとして不正な犯罪者だと断罪するのである。

タリバンと女性教育の関係も、この延長線上に位置づけられる。タリバンは女性の教育を全く否定しないが、それは、イスラームの聖法（シャリーア）の枠組みの下で行われる必要がある。

カブール陥落後、初めての記者会見で、早速この点を質問されていたが、「イスラームのシャリーアの枠組みの下で」認めると答えている。そこから当然想定されるのは、初等教育から高等教育まで、男女は別学となること、女子生徒、学生はヒジャーブの着用を義務付けられること、教科の内容については、聖法に従って構成され、ジェンダー平等に関連する内容は拒否することなどである。

ただ、それが具体的にどういうものになるのかは、本書でも詳細に記述されていないので、今後の展開を見ないと分からない。本書の中で、女性の教育に関して興味深いのは、傀儡政権のもとでの憲法でも、「イスラームの聖法の下で女性の教育を行う」と決めていたではないかという指摘である。

タリバンから見ると、傀儡政権でさえ、女性教育はイスラームの枠組みで行われるとしていたはずなのに、そこから逸脱させたのは西洋諸国の不信仰者とその手先の策謀だということになる。従って、今回、タリバンによるイスラム首長国が樹立されれば、西洋的な世俗主義から生まれた教育理念や内容は排除される。

原理の違うものは力でねじ伏せることができない

タリバンと欧米諸国の関係は、かなりの点において「水と油」である。力ずくで混ぜても、いつか分離して溶解することはない。本質的にイスラームと近代以降の西洋の価値体系についても、同じことが言える。具体的には、世俗主義、民族主義、民主主義、自由主義などのイデオロギーとの親和性がないのである。

このことを了解するのが、タリバンのイスラーム首長国と向き合うための基本的条件となる。これまで、幾度となく、イスラームの側を軍事力によって押さえつけ、服従させようとするプロジェクトが行われたが、成功しなかった。

油が燃えているところに、水をかけると余計に火が飛び散るのと同じで、実際、イスラーム世界にとどまらず、欧米諸国のムスリムの間にも火は燃え移ってしまった。この二十年、欧米諸国で発生した「イスラーム過激派によるテロ」とは、イスラーム圏を力で押さえつけようとして、かえって火が燃え広がったようなものである。

欧米諸国は、この二十年、「穏健なイスラーム」と「過激なイスラーム」を分けようとした。アフガニスタン侵攻にせよ、イラク戦争にせよ、自分たちはイスラームを敵視するのでも、ムスリムと戦うのでもなく、これは「テロとの戦争」だと言い張った。その際に、「穏健なムスリム」と「過激なムスリム」という二分法を使ったのである。

だが、イスラームには過激も穏健もない。穏健か過激かというのは、欧米から見て、物分かりが良く妥協的なイスラーム（教徒）を穏健と名付け、取り付く島がない非妥協的なイスラーム（教徒）を過激（原理主義）と名付けたに過ぎない。「過激派」の方は、9・11以降、暴力で欧米に敵対する勢力を意味するようになり、アメリカ政府によって「テロ組織」に指定されている。だが、興味深いことに、アメリカ政府は、最初から最後までアフガニスタンのタリバンを「テロ組織」には指定していない。

タリバンが言っているように、彼らの西洋の侵略者と占領者に対する戦い（ジハード）は、少なくとも過去二世紀に及んでいる。アメリカは、せいぜい1979年のイラン革命に伴うアメリカ大使館占領あたりから、イスラム教徒が刃向かってくることに気づいたに過ぎないが、ムスリムの側はアフガニスタンに限らず、中東やアフリカで何世紀にもわたって、イギリスやフランスと戦っていたのである。

過去二十年だけを見ても、アフガニスタン侵攻によってタリバンのジハードを強化し、イラク戦争によってイラクを分裂させ、最も強硬な「イスラーム国」を造り出してしまったのはアメリカと同盟国である。イスラーム教徒に戦争を仕掛けるたびに過激化をもたらしてきたのだが、その都度、人権や自由や民主主義を持ち出して、戦争を正当化したのである。

人権、自由、民主主義が、西洋・イスラームを問わず、普遍的な価値ならば、まだ理屈として通ったのだが、イスラームでいう人権と自由は、西洋とは全く異なる概念であり、民主主義は、そもそもイスラームには適合しない。

つまり、土台となる原理が異なっていれば、その上に構築される諸概念も制度も全く異なる体系を成す。異なる価値の体系にあるイスラームを力で服従させようとしても、あるいは「啓蒙」しようとしても、全く通じないことを理解しなければならない。

付録

アフガニスタンの和平交渉のための同志社イニシアティブ

同志社大学アフガン和平会議で提出された和平イニシアティブ

序文

２０１１年9月20日のブルハーヌディーン・ラッバーニー・アフガニスタン元大統領／平和高等評議会議長の暗殺は、カルザイ大統領と米国のイニシアティブによるいわゆる「和平交渉」の破綻を白日の下に晒すものでした。今日、我々はアフガニスタンにおける和平交渉の仕切り直しの必要に迫られています。

実のところ、暗殺されたラッバーニー元大統領が関わってきたいわゆる「和平交渉」は、外国軍の占領下においては交渉は不可能であるとして、アフガニスタン・イスラーム首長国（タリバン政府）がその公式サイト上で繰り返し断固としてそれを拒否しており、またカルザイ政権と米国も、「信徒たちの司令官（Amir al-Mu'minin）」を元首とする組織化された政体としてのアフガニスタンのイスラーム首長国を和平交渉のパートナーとして正式に認知してこなかったため、最初から失敗する運命にあったのでした。

したがって、我々は、カルザイ政府（アフガニスタン・イスラーム共和国）と、その後ろ盾の米国だけでなく、アフガニスタン・イスラーム首長国（タリバン政権）にとっても受け入れ可能なアフガニスタンにおける和平交渉のための全く新しい枠組みを考案する必要があるのです。

1．問題の背景

（1）治安情勢は米国とその連合軍の侵攻によるタリバン政権／アフガニスタン・イスラーム首長国（実効支配1996－2001年。以後「イスラーム首長国」と略記）の2001年の崩壊以来、日増しに悪化しています。

（2）イスラーム首長国は2001年に完全に支持を失ったにもかかわらず、その後、民衆の支持（もっぱら消極的な支持であるとしても）を回復し、今では国土の70％以上が、その支配下にあると言われています。

（3）アフガニスタンの国土の大半の治安を回復し、麻薬取引を撲滅することができた政権は、首長国（統治の最終段階）だけでした。

（4）アフガニスタンでの反政府武装闘争の増加の主な理由は、ＩＳＡＦ（国際治安支援部隊）の空爆などによる民間人の犠牲、いわゆる「巻き添え被害（collateral damage）」に対する民衆の怒りです。

（5）治安の悪化とタリバン（イスラーム首長国）の復活の主たる理由は、カルザイ政府とＩＳＡＦの失敗であるのは明らかです。

（6）２００１年の米国とその連合軍の侵攻によって、イスラーム首長国が民衆の消極的支持を失い脆くも崩壊したのは、その過酷な統治、民衆を苦しめた残虐行為のせいでした。しかし北部同盟の軍閥たちはそれよりもさらにはなはだしい残忍な人権侵害を行っていたのであり、そのために当時タリバン（後のイスラーム首長国）は瞬く間に彼等軍閥を追放できたのでした。

2. 交渉のフレームワーク

（1）我々は準拠する共通の法体系を有しない2つの当事者間の交渉の枠組みを模索していることを自覚しなくてはなりません。イスラーム首長国が準拠する法体系は「シャリーア」、即ちイスラームの天啓法であるのに対し、カルザイ政権と米国の依拠する法体系は、実際には欧米の法律に他ならない「国際法」だからです。

（2）西欧の国際法とイスラームのシャリーアは確かに共通の要素を有してはいますが、それらの共通点は限られています。

（3）両当事者は、自己の準拠する法の適用を相手に強制することなく、本当の意味で「普遍的」な良識に照らして、アドホックベースで個別の問題の解決策を模索しなくてはなりません。

（4）両当事者は、相手方の領土内では相手の法が通用することを認め、相手方の領土内では相手方の法をあえて侵犯はしないという消極的意味で、相手方の準拠する法に一定の「敬意」を払う必要があります。

3. 問題

（1）ＩＳＡＦの外国軍は西欧の治安を脅かすアル＝カーイダ（al-Qāʿidah）と戦うとの口実でアフガニスタンを占領しています。ところがアル＝カーイダの指導部と兵士はアフガニスタンではなくパキスタンにいることが今や明らかになっています。

（2）その主役がタリバン（イスラーム首長国）ムジャーヒディーンである反政府勢力は、西洋に住む西洋人に危害を加えるために戦っているのではなく、そうした武装勢力自身を含むアフガニスタンの民衆を殺害している外国の侵略者の軍隊と戦っているのです。

（3）外国の駐留軍の存在に起因するアフガニスタンの民間人犠牲者の数はＩＳＡＦの公式統計よりはるかに多数にのぼっていますが、その多くは反体制武装勢力による外国軍とカルザイ政権に対する攻撃の「巻き添え被害」です。

（4）前ＩＳＡＦ司令官マクリスタル将軍が、アフガニスタンの民間人犠牲者のために一人当たり２５００ドルの賠償金を払うと述べた時、それが正義、平等、人道に明白に反していると思われたため、彼の発言はアフガニスタンの人々の激怒を買いました。

（5）理由が何であれ、犠牲者が内戦に苦しむアフガニスタンの民衆であることだけは事実です。

（6）アフガニスタンの援助の名の下に費やされている数十億ドルが実際には欧米企業やNGO要員、アフガニスタンの軍閥、政治家、そして彼らの縁故のビジネスマンのために消費されており、一般民衆がほとんどその恩恵を受けていないことは、アフガニスタン国内だけでなく、海外でも広く認識されています。

（7）ISAFの外国軍だけではなくタリバンのムジャーヒディーンを主体とする反体制武装勢力の攻撃によっても無辜の民衆が犠牲になっており、タリバンを自称する一部のグループはイスラームに基づく抵抗の名においてアフガニスタンの民衆への残虐行為を行っています。

（8）「タリバンによる女子教育の禁止」のようにタリバンに関しては多くの誤解が存在します（実際にその時点でタリバンによって一時的に禁止されたのは「女子教育自体」ではなく、適切な女子教育のためのリソースの不足に基づく「不適切な女子教育」に他なりませんでした）。アフガニスタン国内だけではなく、国際的にも公式なマスメディアは全て反タリバン勢力の支配下にあり、彼らがタリバンのイメージを歪曲しているからです。

（9）タリバンについて多くの中傷がある一方で、適切なイスラーム高等教育の欠如と厳しい監視の下にある秘密組織の常としての指揮命令系統の機能不全により、自称タリバンの反体制武装勢力のみならずタリバン（イスラーム首長国）の「影の政府」自体によってさえもイスラーム法と人権に対する多くの侵害が行われていることもまた事実です。

(10)「タリバン」は国民的な抵抗のシンボルとなっており、カルザイ大統領自身がかつてカンダハルで、西欧がこれ以上自分に圧力をかけ続けるならば自分はタリバンに参加する、と述べるまでに至っています。

(11) 統計が示す通りアフガニスタン国民の90%がタリバンとの和解に賛同していますが、タリバンとの和解の必要性は西側陣営においてさえ感じられるようになっており、米国の政策立案者の一部（オバマ大統領とヒラリー・クリントン国務長官を含む）はタリバンとの交渉を開始したと思われています。

(12) しかし、カルザイ政権内の一部の旧軍閥や政治家、そしていわゆる人権活動家たちは、多くの虐殺、残虐行為、人権侵害を犯したタリバンは政権に参加してはならないと主張し、和解に反対しています。

(13) 人権とシャリーアの法の侵害をイスラーム首長国が犯し、それらの侵害がまだ償われていないのは事実であっても、タリバンよりも酷い残虐行為を働いた旧軍閥たちがカルザイ政権で要職を占めているのです。

4. 解決策

（1）アフガニスタンの現状の分析の論理的な帰結は、上記の諸問題の解決の唯一の方法は、アフガニスタン復興の名の下に途方もなく膨大な富を蕩尽したにもかかわらずまともな国家運営ができなかったことを自らが証明しているカルザイ政権と外国軍に代わって、国土の大半で「影の政府」を構成している反体制武装勢力の主体であるイスラーム首長国に安全保障と統治を任せるべきである、ということです。

（2）タリバンが犯した人権侵害を理由にタリバンの政権編入に反対する主張は退けられなくてはなりません。和平実現のために旧軍閥の犯した人権侵害が不問に付され政権に編入されたのと同様に、和平のたにはタリバンも受け入れられなくてはならないからです。

（3）和平は、（時間的に先行する）長く苦しい内戦に終止符を打ち平和と治安を実現したかつてのアフガニスタンの正当な「国民的」政権「アフガニスタン・イスラーム首長国」に、外国軍の力で支配の正当性を獲得した事実上の正当な政権「アフガニスタン・イスラーム共和国」が統合される形を採ることが望ましく、逆（「イスラーム共和国」に「イスラーム首長国」が統合される）ではありません。

（4）UNAMA（国連アフガニスタン支援ミッション）の役割は、上記の課題を解決し、イスラーム首長国にイスラーム共和国が統合されるまでの過程での平和的な権力の移行を保証するために、首長国を財政的、技術的に支援することです。

（5）イスラーム首長国と憲法の最終的な形は、適切な時期に、ロヤ・ジルガによって表現されるアフガニスタンの国民の意志によって決定されなければなりません。憲法は現行のイスラーム共和国憲法に必要な改正を加えたものとなります。

（6）UNAMAは人権とイスラーム法の認める人権に対する侵害が行われないように、イスラーム首長国の官吏のイスラーム教育の発展にフルサポートを提供しなくてはなりません。

（7）女性教育の開発は、社会慣習、伝統の類似性から、2010年の時点で大学の女学生の割合が56・8パーセントを構成するに至っているサウジアラビアの女性教育をモデルとすべきです。

（8）国家元首「信徒の長」の座はカンダハルであるとしても、政府の行政機関はカブールに置かれ、カブールは「国際都市」としての特別な地位を与えられます。そこでは外国人の非イスラーム教徒の庇護民（Ahl al-Dhimmah：永住権獲得者）と安全保障取得者（Musta'min：短期滞在者）は、シャリーアの認める信仰と宗教の実践の完全な権利を享受することができ、イスラーム教徒のアフガン国民はアッラーに対する自己責任において彼らと交流することになります。

（9）国家の宗教は、「信徒の長」の臨席するウラマー（イスラーム学者）の諮問機関によって定義されるハナフィー学派のクルアーンとスンナの正統な解釈によるイスラームとなります。イスラーム教の他の学派の信仰の自由は私的領域においては保障され、シーア派イスラーム教徒同士の間の訴訟は、シーア派が多数を占める地域ではシーアの派カーディー（裁判官）に付託されます。

（10）行政機関の再編の過渡期中はISAF外国軍がカブールの治安維持にあたりますが、ISAFはイスラーム教徒の軍隊、即ちトルコ軍およびその他の国のイスラーム教徒の軍隊に再編されるべきであり、非イスラーム教徒の外国の軍隊の存在は彼らがセキュリティを担当する大使館の内部に限定されねばなりません。

（11）人権、自由、平等、そして自由民主主義を提唱する西欧諸国は、イスラーム首長国で生きるより西欧への移住を選ぶアフガニスタン国民を手続き的、法律的、財政的、技術的にサポートしなくてはなりません。

（12）イスラーム首長国は、自ら主張する通り、欧米諸国を武力攻撃する拠点としてアフガニスタンを使用するすべての組織と関係を絶ったことの挙証責任を負わねばなりません。

（13）かつてのムジャーヒディーン政権であれ、軍閥であれ、タリバンであれ、ISAF

であれ、西欧の警備会社の傭兵であれ、加害者が誰によるかを問わず、内戦の犠牲者とその遺族の応報・賠償請求は放棄されなくてはなりません。ただし、それぞれの国の軍法会議などで有罪の判決を受けた者は、それぞれの国の法律に則って処罰されます。

（14）応報の権利を放棄した内戦の犠牲者、遺族は補償されるべきであり、アフガニスタンの人々に受け入れられる正義に則り、内戦の犠牲者に対する補償は、他の資金援助に優先されるべきです。

（15）実際に武器を手にして戦っていたところを殺害されたとアフガニスタンの裁判所が判決を下した者を除くすべての犠牲者の遺族は、シャリーアに従って1万ディルハム（1ディルハム＝純銀3グラム）、あるいは1千ディーナール（1ディーナール＝22金4・25グラム）の賠償金を受け取ることができます。この損害賠償は、人間の尊厳と平等を信じる全ての者にとって受け入れられるものだと思われます。そして、それはＵＮＡＭＡがイスラームの正義を尊重している証とみなされ、ＵＮＡＭＡが内戦の犠牲者の賠償のためにディーナール金貨、あるいはディルハム銀貨を鋳造すれば、ＵＮＡＭＡのイスラーム尊重の目に見えるシンボルとして、アフガニスタンの人々から大いに評価されるでしょう。

アフガニスタンの和解交渉のためのロードマップ

1．両当事者が相互にその交戦相手を、それぞれの元首によって代表される組織化された政治的実体として承認するとの声明を国際社会に向かって同時に発表する。

2．和平交渉の代理人の選定。一人は、一方の当事者（米国）の元首（オバマ大統領）によって指名された代理人、別の一人は他の当事者（アフガニスタン・イスラーム首長国）の元首（「信徒たちの司令官（Amir al-Mu'minin）」ムッラー・ウマル）によって指名された代理人であり、もう一人は、両当事者の代理人双方によって承認され指名された仲裁者になります。

3．両当事者には、その交渉関係者の安全が両当事者によって保証されるアドレスが与えられます。

4．交渉は両当事者のアドレスが置かれている国で、公認の交渉の代理人によって開始されます。

5．交渉は、上記の手続き的条件を除いて、いかなる実質的な内容を伴う条件をつけることなく開始される必要があります。

6．停戦、外国軍の撤退、現行のイスラーム共和国憲法の受け入れ、及びアル＝カーイダとの絶縁を含め、あらゆることが、（前提条件として排除されることなく）交渉の対象とならなくてはなりません。

7．交戦中も、（アドレスが確保され）交渉のチャンネルは開かれている必要があります。

8．アフガニスタン・イスラーム共和国とアフガニスタン・イスラーム首長国の地位の最終的決定は、両当事者によって合意文書が締結されるか、あるいは統治者を選ぶアフガニスタンのイスラームの伝統であるロヤ・ジルガの適切な手続きによってアフガニスタン国民の手に委ねられます。

写真　アフロ／AFP／AP／ロイター／新華社
時事フォト／朝日新聞フォトアーカイブ
撮影　内藤正典（口絵写真5・9・14）
地図　志岐デザイン事務所
校正　東京出版サービスセンター
協力　ヒサマタツヤ

中田　考（なかた こう）

イスラーム法学者。1960年生まれ。イブン・ハルドゥーン大学（トルコ・イスタンブール）客員教授。一神教学際研究センター客員フェロー。83年イスラーム入信。ムスリム名ハサン。灘中学校、灘高等学校卒。早稲田大学政治経済学部中退。東京大学文学部卒業。東京大学大学院人文科学研究科修士課程修了。カイロ大学大学院哲学科博士課程修了（哲学博士）。クルアーン釈義免状取得、ハナフィー派法学修学免状取得、在サウジアラビア日本国大使館専門調査員、山口大学教育学部助教授、同志社大学神学部教授、日本ムスリム協会理事などを歴任。現在、都内要町のイベントバー「エデン」にて若者の人生相談や最新中東事情、さらには萌え系オタク文学などを講義し、20代の学生から迷える中高年層まで絶大なる支持を得ている。著書に『イスラームの論理』、『イスラーム 生と死と聖戦』、『帝国の復興と啓蒙の未来』、『増補新版 イスラーム法とは何か？』、『みんなちがって、みんなダメ 身の程を知る劇薬人生論』、『13歳からの世界制服』、『俺の妹がカリフなわけがない！』、『ハサン中田考のマンガでわかるイスラーム入門』など多数。近著に、橋爪大三郎氏との共著『中国共産党帝国とウイグル』がある。

タリバン 復権《ふっけん》の真実《しんじつ》

二〇二一年一〇月三〇日　初版第一刷発行

著者◎中田《なかた》　考《こう》

発行者◎小川真輔
編集者◎鈴木康成
発行所◎株式会社ベストセラーズ
東京都文京区音羽一-一五-一五
シティ音羽二階　〒112-0013
電話　03-6304-1832（編集）　03-6304-1603（営業）
装幀◎フロッグキングスタジオ
印刷所◎錦明印刷
製本所◎ナショナル製本
DTP◎オノ・エーワン

ISBN978-4-584-12611-0 C0295

ベスト新書
611

ベスト新書 好評既刊

傷だらけの人生　ダマされないで生き延びる知恵

魔性のオンナ、金融サギ、金融団体への勧誘、連帯保証人etc.契約する前に、最後にもう一度考え直すことが出来る人間になるための体験的「警告の書」。

定価：本体820円＋税

副島隆彦

脳はどこまでコントロールできるか？

自分を大切にする脳の回路ができあがれば、その瞬間からあなたの人生は変わる！脳を使いこなすための「妄想」とは何か？最先端の「脳を使いこなすテクニック」。

定価：本体720円＋税

中野信子

殺人に至る「病」　精神科医の臨床報告

「狂気と正常の間に、厳密な境界線は存在しない」と精神科医の著者は語る。その濃淡の領域にいる人間が、殺人事件を犯す時、心の中では何が起きているのか？

定価：本体800円＋税

岩波明

五感の哲学　人生を豊かに生き切るために

人生を豊かに生き切り、この世を味わい尽くして、あの世に旅立つことが幸せの道。幸福に生きる秘訣は「人間本来の豊かな五感を取り戻すこと」と語る著者の哲学エッセイ。

定価：本体830円＋税

加藤博子

真実の名古屋論　トンデモ名古屋論を撃つ

名古屋にまつわる言説や噂の嘘八百。なんとなく通用している俗論を徹底的に批判する極上の知的エンターテインメント。歴史や文化を見る目を鋭くしてくれる書。

定価：本体680円＋税

呉智英